ELOGIOS

«Si este libro no hace que tu corazón lata más aprisa, ¡reserva el próximo vuelo a la Clínica Mayo!».

Bill Hybels, Pastor principal, Willow Creek Community Church
Presidente, Willow Creek Association

«Bob Goff es un tsunami de gracia, un huracán de amor, todo en un solo hombre. No solo habla de cambio, sino que él es cambio, tal como lo relata *El amor hace* de un modo gráfico. Sin embargo, *El amor hace* no te inspira el sentimiento de celebrar al autor; sino que despierta en lo profundo de tu interior la sensación de que tú también tienes un asombroso papel que desempeñar en esta historia divina de rescate y restauración que se está desarrollando delante de nuestros ojos».

Louie Giglio, Conferencias Passion y Passion City Church

«Una historia interesante y convincente (con raíces en Young Life) que acaba con un práctico reto y desafío: "El amor hace", ¡y Dios te puede usar a ti para hacerlo!».

Denny Rydberg, presidente, Young Life

«De vez en cuando aparece alguien como Bob Goff que nos recuerda que algunas cosas importan más que otras. *El amor hace* tiene una especie de efecto "estrella del norte" que te empujará a reenfocar tu vida y tu energía en lo más significativo. No se limita a invitarte a responder con el potencial que Dios te ha dado, sino que te incita a formar parte de lo que Dios puede hacer más allá de ese potencial».

Reggie Joiner, fundador y director general de Orange

«Nos encantó el libro. Sobre todo los globos de la cubierta. El resto también es bastante bueno. Muchas historias sobre cómo Dios nos ayuda».

Aedan, Asher y Skye Peterson, de 13, 12 y 9 años

«Puede parecer un libro, pero no lo es. Se trata de una invitación a entrar en la aventura más extraordinaria que hayas conocido jamás: tu vida tal como debería haber sido. ¡Presta atención!».

Michael Hyatt, autor, *Plataforma: Hazte notar en un mundo ruidoso*
MichaelHyatt.com.

«Nos encantó el libro. Sobre todo la parte que habla de la isla de Tom Sawyer. Me parece fenomenal la forma en que Bob toma las cosas de la vida real y las compara a lo que Dios y Jesús hacen».

Livi, Jonah y Ben Goodgame, de 11, 8 y 4 años

«¡¡Me encanta este libro!! Léelo solo si te atreves a recibir inspiración para tener más diversión, más aventuras ¡¡¡y vivir la vida a tu máximo potencial!!! *El amor hace* habla de muchas maneras distintas... en parte son recuerdos, en parte invita a la acción, todo ello relacionado con el viaje espiritual y tan bien escrito que no serás capaz de soltarlo».

Darla K. Anderson, jefa de producción, Pixar Animation Studios (y co-conspiradora de Bob Goff en muchas aventuras y payasadas)

«*El amor hace*... el título de un libro y un manifiesto personal, todo en uno. Bob Goff "produce amor" y, en ese camino, libera a otros para que se encuentren a sí mismos, se armen de valor, dejen su huella y persigan una aventura. Como todo buen libro, *El amor hace* es como una conversación con el autor... una verdadera charla sobre las cosas que importan. El libro de Goff es como un buceada profunda en un mundo de esquinas ásperas, donde el sentimentalismo y los comentarios contundentes no tienen cabida. Los pasajes de *El amor hace* permanecen cerca mucho después de pasar la última página».

David Batstone, presidente, Not For Sale

«Si pudiera, robaría la vida de Bob. Su amor tenaz por lo imposible de amar, su valor de mandar la sabiduría colectiva a paseo, y su infeccioso convencimiento de lo que es posible le convierten en el hombre que yo quiero ser. *El amor hace* es un hermoso y peligroso regalo para todos los soñadores, los inadaptados y los caprichosos que pretenden cambiar el mundo».

Mike Foster, People of the Second Chance

«La capacidad que Bob tiene para amar a la gente contagia esperanza e inspiración dondequiera que va. El poder del amor que presenta este libro conmoverá, con toda seguridad, el corazón y el alma de muchas personas. Lee *El amor hace* y encuentra un amigo en uno de los secretos mejor escondidos del mundo, una persona que muestra cómo el amor puede crear conexiones y marcar la diferencia... incluso cruzando océanos».

George Tsereteli, vicepresidente del parlamento de Georgia (antigua República Soviética)

«Si todo el mundo amara como Bob Goff ama con todas las personas, el mundo cambiaría de la noche a la mañana. En este libro Bob nos recuerda la virtud más real que el reino nos llama a practicar: *El amor hace*. Está activo. El Jesús al que servimos es sorprendente y subversivo. Bob lo sabe, porque él mismo es paradójicamente sabio como un brujo y está lleno de alegría como un niño pequeño».

Jason Russel, cofundador de Invisible Children

«Suelen existir rumores desagradables con respecto a los tesoros. Mayormente, que están enterrados y que hay que descubrirlos. O que se deben extraer de una mina, o que solo se pueden localizar con un mapa señalado con una gran X. La vida de Bob Goff dice que no es así. Vivir desde el centro de tu corazón no tiene por qué ser complicado ni fugaz. El tesoro está justo ahí, al lado de los panqueques. Apenas había leído cinco páginas y ya sabía que mi vida y yo íbamos a tener a una buena conversación».

Nicole Nordeman, madre y músico

EL AMOR HACE

DESCUBRE UNA VIDA SECRETAMENTE
INCREÍBLE EN UN MUNDO ORDINARIO

BOB GOFF

GRUPO NELSON
Una división de Thomas Nelson Publishers
Desde 1798

NASHVILLE   DALLAS   MÉXICO DF.   RÍO DE JANEIRO

© 2012 por Grupo Nelson
Publicado en Nashville, Tennessee, Estados Unidos de América. Grupo Nelson, Inc. es
una subsidiaria que pertenece completamente a Thomas Nelson, Inc. Grupo Nelson es
una marca registrada de Thomas Nelson, Inc. www.gruponelson.com

Título en inglés: *Love Does*
© 2012 por Bob Goff
Publicado por Thomas Nelson, Inc.

La cita en el capítulo «Mayor y mejor» se tomó de C. S. Lewis, *The Weight of Glory* (orig.
1949; Nueva York: HarperOne, 2001), p. 26.

Editora en Jefe: *Graciela Lelli*
Traducción: *Loida Viegas*
Adaptación del diseño al español: *Blomerus.org*

ISBN: 978-1-60255-832-8

Impreso en Estados Unidos de América

13 14 15 16 BTY 9 8 7 6 5 4 3 2

Este libro está dedicado a mi dulce María, a Lindsey, a Richard, a Adam y a la pandilla de amigos que han cambiado mi forma de ver a Jesús

CONTENIDO

PRÓLOGO

Por Donald Miller

Bob Goff ha tenido mayor impacto en mi vida que ninguna otra persona que haya conocido. Al leer las historias de este libro sobre aventuras, grandes y pequeñas, te diré que no fueron los osos ni los médicos brujos, o la dinamita los que me llegaron, aunque confieso que las aventuras de Bob son embriagadoras. Sin embargo, él ha impactado mi vida porque me ama.

Bob Goff ama a la gente con una fuerza natural y, con esto, me refiero a que lo hace *como la naturaleza misma,* como una cascada, el viento o las olas en el océano. Ama sin esfuerzo, como si el amor se amontonara cada año igual que la nieve sobre una montaña, y se derritiera y precipitara a través de él en un lazo infinito. No hay otra explicación para que un hombre pueda amar así de bien, excepto Dios. Creo que Bob Goff conoce a Dios, y creo que el amor de Dios fluye a través de él.

No soy el único que tiene esta sensación. Otros muchos alrededor del mundo han experimentado el mismo amor. ¿Qué se puede hacer con un hombre que sube a un avión y da la vuelta al mundo para asistir a la boda de alguien a quien acaba de conocer? ¿Qué se hace con alguien que tiene su oficina en la Isla de Tom Sawyer, en

Disneylandia, porque es menos probable que los abogados furiosos le griten allí? Y, lo que es más, ¿qué me dices de un abogado en cuya tarjeta de presentación solo dice *Ayudante*? ¿Qué se puede hacer con un hombre que trabajó durante dos años para liberar a un niño de una prisión en Uganda, y todo porque conoció a un muchacho que se lo pidió? ¿Cómo te explicas que cada mañana camine torpemente por su jardín, en pijama, en busca de una rosa para su esposa que aún duerme? También está la señora mayor que chocó contra su jeep y lanzó su cuerpo por los aires hasta caer sobre el asfalto. A ella también le envió flores. Y el equipo de los *DC Diplomats*, recién conocidos para él, a quienes estuvo enviando pizza todos los días durante una semana; el magistrado ugandés al que llevó a Disneylandia; y el campo de refugiados en las afueras de Gulu, donde cavó pozos y entregó kilos y kilos de ropa.

No sé cómo explicar el amor de Bob, a no ser que lo defina como total y deliciosamente devastador. Sencillamente, una vez que lo conoces, ya no se puede seguir viviendo como antes. Destrozará tu sueño americano y te ayudará a encontrar tu verdadero sueño. Hará pedazos tu matrimonio mediocre y te ayudará a encontrar una historia de amor. Conocer a Bob es tener una fachada, desparramada entre ruinas, en la que has invertido tu vida intentando mantenerla arreglada, mientras que él se acerca a ti, como tu amigo, para ayudarte en la reconstrucción.

Bob ha llegado a ofrecerme tomar un avión cuando me he sentido angustiado, me ha llamado justo cuando lo necesitaba, me ha dado una palabra de verdad cuando me bombardeaban las mentiras, me ha proporcionado una familia, un hogar, una visión de lo que puede ocurrir en la vida de una persona cuando uno se dedica a regalarla.

Este libro será inquietante para algunos. No nos gusta entregarnos por completo al amor. Cuando este no es más que una teoría, estamos seguros: no hay riesgo. Sin embargo, el amor en el cerebro no cambia nada. Bob cree que es un concepto demasiado hermoso para mantenerlo encerrado detrás de la frente como si fuera un prisionero.

Quienes han conocido a Bob a través de mí, y son muchos, confiesan lo difícil que les resulta describir con palabras lo que le hace distinto. Pero el título de este libro lo dice todo. Donde tú y yo podemos querer amar, sentir amor, y hablar de amor, Bob nos recuerda que el amor actúa. Escribe una carta y toma un avión. Encarga pizza y salta a un lago. Abraza, ora, llora y canta. Cuando uno conoce a este hombre, mucho de lo que sabemos y creemos sobre el amor ya no resulta válido. Y es que su *amor hace*.

Es un inmenso privilegio presentarte a mi amigo Bob Goff.

Sinceramente,
Donald Miller

INTRODUCCIÓN

El amor hace

Solía pensar que para ser abogado debía tener una oficina, pero ahora sé que lo único que necesito es una isla.

En la Isla de Tom Sawyer, en Disneylandia, es donde mejor pienso. Al final de un pequeño embarcadero hay una mesa de picnic, justo en frente del barco pirata. Supongo que la mayoría de las personas piensan que este lugar es simplemente un accesorio, gracias a los barriletes de madera marcados con la palabra «pólvora» y alguna parafernalia pirata que cuelga de la barandilla. Sin embargo, yo no lo veo así. Para mí, es mi oficina.

Ninguna de las veces que he ido, he visto a alguien sentado en mi mesa sobre el embarcadero ni a ningún pirata de verdad en el barco. Imagino que esto los convierte en mi mesa, mi embarcadero y mi barco pirata. Los abogados decidimos cosas como estas. Aunque estoy dispuesto a compartir mi mesa y mi barco pirata, a decir verdad, solo quiero hacerlo con gente que pueda soñar. Todos queremos tener un lugar donde poder soñar y escapar de cualquier cosa, que envuelva nuestra imaginación y nuestra creatividad con flejes de acero. La Isla de Tom Sawyer es un lugar donde conspiro con la gente, donde se fraguan enormes travesuras y los caprichosos se desenfrenan. La dirección del remitente en muchas de las historias que encontrará en este libro es, de hecho, ese embarcadero de la Isla de Tom Sawyer.

Lo que más me gusta de ella es que me pertenece. Soy comprensivo y la compartiría con otros niños y visitantes. No obstante, toda ella es mía. Algo ocurre cuando tienes esa sensación de propiedad. Ya no actúas como un simple espectador o consumidor, porque eres un propietario. En el caso de la fe, se halla en su punto óptimo cuando tenemos esta percepción. La vivimos mejor cuando la poseemos.

Tengo un pase de temporada para Disneyland y puedo tomar un tren que me lleve allí cuando yo quiera. Si deseo llevar a un amigo, tengo una vieja moto clásica con sidecar, una Harley-Davidson Springer Softail que guardo en el garaje para las ocasiones especiales. Es el tipo de motocicleta que verías en una foto en una enciclopedia bajo el título *«whimsy»* [capricho]. Es fabulosa, de color azul y hace mucho ruido. Me encanta conducirla porque me mantiene conectado con todo lo que ocurre a mi alrededor, mientras voy de aquí para allá. También me gusta poder llevar a un amigo. Al verme pasar, la gente sonríe porque nunca han visto un sidecar, pero noto que les gustaría ser el pasajero. *Whimsy* es así... hay que experimentarla plenamente para conocerla por completo. No le importa que seas el conductor o el pasajero, lo único que importa es que viajes en ella.

He descubierto una extraña verdad. Casi todo el mundo conoce de la existencia de la Isla de Tom Sawyer, pero la mayoría no la visita. Quizás se deba a que está rodeada de agua y que hay que utilizar una balsa para llegar hasta ella. Pero no es algo tan difícil de hacer. Mucha gente *quiere* ir. Algunos hasta hacen planes para ello. Sin embargo, la mayoría se olvida, o lo dejan para otro momento. Para mucha gente es uno de esos lugares de «ya lo haremos en un próximo viaje». Creo que la Isla de Tom Sawyer es como la vida de la mayoría de las personas: nunca llega el momento de cruzar hasta ella.

Vivir una vida llena de aventura y en la que estamos totalmente involucrados, y repleta del tipo de cosas que el amor hace, es algo que la mayoría de las personas planifican hacer, pero se les olvida en el camino. Sus sueños se convierten en una de esas postergaciones de «iremos la próxima vez». Lo triste es que, para muchos, no hay una «próxima vez», porque dejar pasar la oportunidad de cruzar al otro lado es una actitud general hacia la vida y no una simple decisión. Lo que necesitan es un cambio de actitud, no más oportunidades.

No hay requisitos de admisión en la Isla de Tom Sawyer. No importa si eres alto o bajo, viejo o joven, religioso o no. No hay líneas en la Isla de Tom Sawyer; puede ser lo que tú quieras. Allí las posibilidades son infinitas. La mayoría de ellas implican correr, saltar y utilizar tu creatividad e imaginación. Es un lugar al que puedes ir y simplemente hacer lo que quieras. En ese sentido, refleja muy bien lo que es la vida... al menos la oportunidad de sacarle todo el partido posible.

Desde mi oficina en la Isla de Tom Sawyer tengo una posición privilegiada desde donde puedo mirar alrededor y ver cómo vive un océano de personas. La Isla de Tom Sawyer no es una montaña rusa. No se trata de distracciones ni emociones; tampoco es un sitio al que acudes para que te entretengan. La isla tiene todo el potencial que tú traigas —ni más ni menos. Para descubrir de cuánto estamos hablando, solo tienes que ir. No necesitas un plan; solo tienes que estar presente.

En alguna parte, en cada uno de nosotros, creo que existe el deseo de encontrar un sitio como la Isla de Tom Sawyer; un espacio en el que la imaginación, el capricho y el asombro se puedan vivir con facilidad... no simplemente pensarlo o posponerlo para «la próxima vez». Esto es algo muy pesado para estarlo pensando en mi isla, pero con frecuencia considero lo que me siento tentado a definir como la mayor mentira de todos los tiempos, y que se puede expresar con dos palabras: *otra persona*. En la Isla de Tom Sawyer reflexiono en Dios, que no escogió a otra persona para que expresara su presencia creativa al mundo, que no recurrió a una estrella de rock ni al jovencito popular para que hiciera las cosas. Nos eligió a ti y a mí. Somos el medio, el método, el objeto y el vehículo de entrega. Dios puede usar a cualquiera, desde luego. Tocar una guitarra Fender o ganar el premio a la «mejor personalidad» no te descalifica... simplemente no te cualifica más. Y es que Dios suele escoger a gente corriente, ¿entiendes?, personas como nosotros, para hacer las cosas.

Cuando me siento en mi isla, veo con claridad que debemos dejar de determinar el curso de nuestra vida; en vez de ello, tenemos que aterrizar el avión de nuestros planes para poder marcar la diferencia llegando a la parte «activa» de la fe. Por eso el amor nunca es estacionario. En definitiva, el amor no se pasa el tiempo pensando las cosas o haciendo planes. Dicho de un modo sencillo: El amor hace.

....

CAPÍTULO 1

ESTOY CONTIGO

Solía querer arreglar a las personas,
pero ahora solo quiero estar con ellas.

Cuando asistía a la escuela secundaria conocí a un tipo llamado Randy. Y Randy tenía tres cosas que yo no tenía: una motocicleta de marca Triumph, barba y una novia. Sencillamente no era justo. Yo quería las tres cosas y en orden ascendente. Me puse a investigar y descubrí que Randy ni siquiera era estudiante en mi escuela; solo se la pasaba por allí. Ya había escuchado sobre tipos como él; imaginé que debía guardar distancia, y así lo hice. Más tarde supe que Randy era cristiano y que trabajaba con un equipo llamado Young Life. Yo no sabía mucho de todo aquello, pero sirvió para entender el tema de la barba y justificaba que frecuentara los alrededores de la escuela, al menos, eso creo. Randy no me ofreció jamás darme una vuelta en su motocicleta, pero intentó implicarme en debates sobre Jesús. Lo mantuve a raya, aunque eso no pareció enfriar su interés en saber quién era yo y en qué pasaba el tiempo. Imaginé que quizás no conociera a nadie de su edad, así que a la larga, nos hicimos amigos.

Yo no era un buen estudiante y averigüé que podía tomar un examen que equivalía al diploma de la escuela secundaria. Sin embargo, no conseguí averiguar cómo inscribirme al mismo, algo que, pensándolo mejor, fue una buena señal de que debía quedarme en la escuela. Mi plan era mudarme a Yosemite y pasarme los días escalando los enormes acantilados de granito. Con un metro noventa y dos de estatura y unos cien kilos de peso, realmente no tenía la constitución de un escalador. Me pregunto qué me hizo pensar que en mí había un alpinista. Cuando estás en la secundaria no reflexionas demasiado en lo que no puedes hacer. Para la mayoría de las personas, esto algo que se aprende más tarde; y para unos pocos, es algo que se desaprende durante el resto de la vida.

Al empezar mi tercer año decidí que había llegado el momento de dejar la escuela secundaria y mudarme a Yosemite. Tenía un chaleco de plumas, dos bandanas rojas, un par de botas de alpinismo, setenta y cinco dólares y un Volkswagen. ¿Qué otra cosa necesitaba? Encontraría trabajo en el valle y pasaría mi tiempo libre en las montañas. Por cortesía, más que por otra cosa, pasé por casa de Randy a primera hora, un domingo por la mañana, para despedirme de él y hacerle saber que me iba. Llamé a la puerta y, tras un par de largos minutos, abrió. Estaba atontado y despeinado... era evidente que le había despertado.

Le puse al corriente de lo que iba a hacer. Randy se quedó pacientemente parado en la puerta, haciendo un gran esfuerzo por evitar cualquier expresión de sorpresa.

—¿Te marchas pronto? —me preguntó cuando terminé de hablar.

—Sí, en realidad ahora mismo —respondí poniéndome muy derecho e hinchando el pecho para demostrar que hablaba en serio—. Mira, Randy, es hora de que salga de aquí. Solo he venido a darte las gracias por pasar tiempo conmigo y ser un buen amigo.

Randy mantuvo su rostro serio y preocupado, pero no pronunció ni una palabra.

—Oye —añadí—, ¿podrías despedirme también de tu novia, ya sabes, la próxima vez que la veas?

Y otra vez, Randy no dijo nada. Tenía ese tipo de mirada extraña y lejana, como si viera a través de mí. Bruscamente, volvió a nuestra conversación.

—Eh Bob, ¿podrías esperar aquí un segundo mientras verifico algo?

—Sin problema, Randy —contesté. Lo que me sobraba ahora era tiempo, ¿por qué me iba a importar?

Randy desapareció por unos minutos en el interior de la casa, mientras yo me quedé allí parado en su porche con las manos en los bolsillos. Cuando regresó a la puerta, llevaba una desarrapada mochila colgando del hombro con una correa deshilachada y un saco de dormir debajo del otro brazo. Fue concreto y directo. Todo lo que dijo fue esto: «Bob, estoy contigo».

Algo en sus palabras resonó dentro de mí. No me echó un sermón sobre cómo lo estaba tirando todo por la borda y desperdiciando oportunidades por abandonar la escuela secundaria. No me recriminó por ser un necio ni me advirtió que mi idea se quedaría sin gasolina antes de llegar a la pista de despegue. Tampoco se burló diciéndome que, con toda seguridad, me vendría abajo aunque lograra despegar brevemente. Estaba decidido, claro y no tenía ninguna agenda. Estaba conmigo.

A pesar de su amable gesto, me resultaba bastante extraño pensar que quisiera acompañarme.

—Hmm, claro... bueno... eso creo —le respondí con poco entusiasmo—. ¿Estás seguro de que quieres hacerlo?

—Seguro, Bob, ¡me apunto! Si no te importa, ¿qué te parece si me doy un paseo contigo?

Randy estaba allí plantado, con la mirada decidida.

—A ver si lo entiendo. Tú quieres viajar conmigo hasta Yosemite... ¿es así, no?

—Sí, correcto. Ya encontraré el camino de regreso una vez lleguemos y te instales.

No sé a ciencia cierta por qué acepté la generosa autoinvitación de Randy. Creo que fue porque me pilló totalmente por sorpresa. Nadie había expresado jamás tanto interés por mí hasta ese momento.

—S-seguro... —balbuceé torpemente mientras ambos seguíamos allí parados, en su porche—. Eehh... entonces creo que deberíamos ir moviéndonos.

Sin más, Randy cerró la puerta de su casita y nos dirigimos juntos a mi Volkswagen. Se dejó caer en el asiento del pasajero y echó sus cosas sobre las mías en el asiento trasero.

Llegamos a Yosemite antes del anochecer, y, por primera vez, me di cuenta que no teníamos donde pasar la noche. Disponíamos de un par de sacos de dormir, no teníamos tienda de campaña, y solo un poco de dinero, de modo que nos colamos por la parte trasera de una carpa levantada en uno de esos sitios para acampar de los que se paga por día de uso. Nos fuimos hacia el fondo, por si teníamos escapar de algún respetable inquilino que apareciera durante la noche. Afortunadamente, nadie vino y, a la mañana siguiente, nos despertamos en una fría pero gloriosa mañana en el valle de Yosemite. Hacia el norte se alzaba El Capitán, una formación rocosa vertical de unos novecientos metros de altura, como un inmenso soldado de granito. El Half Dome dominaba el paisaje hacia el este. Estos eran mis compañeros; aquella era mi catedral. Me encontraba en el salón, tan ancho como el valle, de mi nueva casa. Ahora tenía que conseguir un empleo y asentarme. Rodé sobre mí mismo en mi saco de dormir, pensando en lo bueno que era tener a Randy conmigo. Me sentía un poco nervioso, pero también entusiasmado por mi libertad recién hallada. Ahora era un hombre. Palpé mi barbilla en busca de algún asomo de pelo de barba. Todavía nada, pero aun así me afeité por si acaso.

Randy y yo nos sacudimos de la rigidez que provoca el dormir en una tienda de campaña, y nos dirigimos a la cafetería de la empresa Camp Curry. Pensé que podría conseguir un trabajo lanzando panqueques al aire por las mañanas, y así me quedaría el resto del día para escalar. Rellené la solicitud de trabajo delante del administrador, se la entregué, y me la devolvió sacudiendo la cabeza negativamente, muy serio. Ni siquiera fingió que pudiera interesarle, pero en el fondo me sentí agradecido de que, al menos, me siguiera la corriente y me permitiera presentar mi solicitud.

No importaba. Sin desánimo, me dirigí a una de las tiendas de artículos de alpinismo que tenía un escaparate hacia el valle. Les dije que haría todo lo que necesitaran. Estaba seguro de que podía compensar mi falta de experiencia con mi falta de madurez o mi inteligencia en bruto. Me contestaron que no tenían ningún trabajo para mí y que era muy difícil, casi imposible, conseguir empleos en el valle. Desalentado, salí de la tienda y miré a Randy que estaba reclinado sobre el Volkswagen. En lugar de animar mi desaliento o recriminarme con un «te lo dije», alimentó mi alma con palabras de verdad y perspectiva.

«Bob, puedes seguir adelante con esto, si es lo que quieres. Tienes lo que se necesita para lograrlo. Esos tipos no saben lo que se pierden. Intentémoslo en otro sitios».

Y, a continuación, tal como me había dicho el día antes en su porche, reiteró su declaración: «De cualquier manera, Bob, estoy contigo». Sus palabras me proporcionaron un tremendo consuelo.

Me ofrecí para trabajar en todos los negocios del valle, y en cada ocasión me rechazaron. Sencillamente, no había empleos disponibles ni esperanza de que surgiera alguno a corto plazo.

El sol había caído y se hundía entre las colinas; se acercaba la noche. Era una de esas puestas que despliegan todo un espectro de colores vibrantes y que le habría conferido un aspecto exageradamente ambicioso al lienzo de un pintor. Pero seguía animado: aquel ocaso era real, me encontraba en Yosemite, mi amigo estaba conmigo y mi sueño aún era posible.

Randi y yo regresamos al camping y nos volvimos a deslizar en la misma tienda de campaña que habíamos requisado la noche anterior. No dormí bien, ni mucho, porque me dediqué a revisar mi brevísima lista de opciones. No había trabajo, no tenía dinero, había abandonado la escuela secundaria, Randy roncaba, y yo necesitaba ir al baño. Esto casi cubría mi lista de problemas de menor a mayor.

La mañana siguiente llegó con un frío vivificante que no hizo más que alimentar mi ansiedad. Randy se movió cerca de mí, en su saco de dormir, tosió un par de veces y su tos sonó como si estuviera llena de flema; con demasiada alegría en la voz exclamó: «¡Vayamos a escalar algunas rocas!». Nos dirigimos al pie de uno de los acantilados monolíticos y, durante un par de horas, estuvimos trepando y fanfarroneando sobre cuál de los dos era mejor escalador. Hacia el mediodía, regresamos al valle para ver si algún negocio había decidido milagrosamente, durante la noche, expandir sus actividades. Sentía como si los propietarios de las tiendas se hubieran reunido silenciosamente en algún lugar al enterarse de mi llegada al valle y estuvieran conspirando contra mí para hacer trizas mis sueños. Las mismas rocas que habíamos venido a escalar empezaban a parecerme barricadas. Presenté mi solicitud en la única pequeña tienda que me quedaba por probar, y donde no lo había intentado el día antes. ¿Es necesario que gaste mi aliento para contarles lo que ocurrió?

Randy y yo nos sentamos en el parachoques delantero de mi Volkswagen y nos recostamos hacia atrás, contra el delgado capó ligeramente oxidado que se hundió un poco bajo nuestro peso. El sol bajaba de nuevo en el valle y los acantilados de granito que yo había esperado contar entre mis vecinos formaban largas y oscuras sombras sobre el suelo; se iban haciendo cada vez más profundas y señalaban a la única carretera que existía en el valle.

Después de echarle gasolina al coche, solo me quedaban unos cuantos pesos en el bolsillo, así que Randy se ofreció a pagar por la cena. Cuando volvíamos al auto después de haber comido, me volví hacia Randy y le dije: «Sabes, Randy, ha sido fantástico que vinieras conmigo y todo eso, pero siento que me estoy quedando sin opciones. Creo que voy a regresar y acabar la escuela secundaria». Tras una breve pausa, Randy volvió a repetir lo que se había convertido en un gran consuelo para mí durante todo el viaje: «Oye, decidas lo que decidas, sabes que de cualquier manera, estoy contigo, Bob».

Randy había estado conmigo y podía afirmar que «estaba conmigo» tanto en espíritu como con su presencia. Estaba comprometido conmigo y creía en mí. Yo no era un proyecto, era su amigo. Me preguntaba si tal vez todos los cristianos actuaban de ese modo. No lo creía, porque la mayoría de los que había conocido hasta el momento eran un tanto faltos de personalidad y parecían tener más opiniones sobre a qué o a quién se oponían, que sobre aquello o a quien apoyaban. Sin hablar mucho más, Randy y yo intercambiamos una mirada silenciosa y asentimos con la cabeza: esto indicaba que habíamos acabado. Sin pronunciar palabra, salté al asiento del conductor, Randy hizo lo mismo con el asiento del pasajero y seguimos la senda proyectada por las largas sombras el día anterior. Estaba regresando.

No hablamos demasiado al abandonar el valle de Yosemite; de hecho, tampoco conversamos durante un largo trecho del camino a casa. Uno de mis sueños acababa de internarse en un hospicio, y Randy era lo bastante sensible para saber que yo necesitaba espacio para pensar. Viajamos durante cinco o seis horas en silencio. De vez en cuando, Randy chequeaba cómo me iba, en su confiada y alentadora voz: «Eh Bob, ¿qué tal estás?».

Bajamos por algunas calles familiares y llegamos a casa de Randy. Había otro coche estacionado junto al suyo; parecía el de su novia.

Solía visitarle con frecuencia. Caminamos hacia la puerta delantera, y él la abrió. Entré detrás de él sin que me invitara a hacerlo, pero de alguna manera me sentí bienvenido. En el suelo observé una pila de platos y papel de regalo, una cafetera, algunos vasos. Sobre el sofá había un microondas a medio meter en una caja. Al principio no lo entendí. ¿Acababa Randy de celebrar un cumpleaños? ¿El de su novia, quizás? Un microondas parece una forma extraña de celebrar la llegada de alguien al mundo. Yo sabía que no se estaba mudando, porque no habría papel de regalo. Entonces, desde la vuelta de la esquina, la otra mitad de la pareja salió y lanzó sus brazos alrededor de Randy. «Bienvenido a casa, cariño». En ese momento lo entendí todo.

Sentí nauseas y me emocioné. Comprendí que lo que había en el suelo eran regalos de boda. Randy y su novia acababan de casarse. Cuando yo había llamado a su puerta aquel domingo por la mañana, Randy no solo vio a un alumno de escuela secundaria que había interrumpido el principio de su matrimonio, sino a un chico que estaba a punto de saltar a la vía del tren. En lugar de pasar los primeros días de casado con su esposa, me los dedicó a mí, colándose con sigilo en la parte trasera de una caseta de campaña.

¿Por qué? Porque Randy me amaba. Vio la necesidad y actuó. No se limitó a *decir* que me apoyaba o que estaba conmigo. Estuvo presente, conmigo, *de verdad*.

Lo que aprendí de él cambió para siempre mi opinión de lo que significaba tener una amistad con Jesús. Entendí que la fe no significa saber todas las cosas correctas ni obedecer toda una lista de normas. Es mucho más, algo más costoso, porque implica estar presente y hacer un sacrificio. Quizás sea esta la razón por la que, a veces, a Jesús se le llame Emanuel, «Dios con nosotros». Creo que esto es lo que Dios tenía en mente: que Jesús estuviese presente, que solo estuviese con nosotros. Y también es lo que tiene en mente para nosotros cuando de otras personas se trata.

El mundo te puede hacer pensar que el amor se puede encontrar en una venta de garaje o se puede envolver en una tarjeta de Hallmark. Sin embargo, el tipo de amor que Dios creó y demostró es uno muy costoso, porque implica sacrificio y presencia. Funciona mejor como un lenguaje por señas que expresado directamente con palabras. Lo que aprendí de Randy sobre la clase de amor que Jesús ofrece es que tiene más que ver con presencia que con emprender un proyecto. Es un tipo de amor que no solo piensa en las cosas buenas, está de acuerdo con ellas o habla de ellas. Lo que aprendí de Randy reforzó la sencilla verdad que sigue tejiéndose en el tapiz de toda historia extraordinaria:

El amor hace.

CAPÍTULO 2

....

EL FRANCOTIRADOR

Solía pensar que tenía que actuar de un cierto modo para seguir a Dios,
pero ahora sé que Dios no quiere que seamos típicos.

La primera vez que oí hablar de Jesús fue cuando estaba en la escuela secundaria, y fue de boca de un tipo llamado Doug, con quien solía disparar escopetas de aire comprimido. Nos íbamos al bosque, cerca de un depósito, y disparábamos a latas y parachoques de autos viejos. Ninguno tenía pinta de buen tirador y rara vez alcanzábamos a darle a lo que apuntábamos, de modo que denominábamos blanco a cualquier cosa a la que le atinábamos. Hay mucha gente que sigue haciendo esto. Estar en el bosque e ir armado hace que un chico de quince años se sienta como un hombre que tiene pelos en el pecho. La posibilidad de perder un ojo también hacía que volviéramos una y otra vez. No es algo exclusivamente masculino... bueno, en realidad, sí lo es. Es cosa de chicos.

Un día, la escopeta de Doug se rompió y consiguió una escopeta de perdigones. Yo también quería una, pero no pude encontrar a nadie que me la regalara, de modo que seguí utilizando la vieja escopeta que tenía desde los ocho años. Había una gran diferencia entre la escopeta legal de perdigones de Doug y mi escopeta de mala calidad que no disparaba ni muy lejos, ni muy bien. Una vez amartillada, el disparo casi atravesaba una habitación. Es decir, siempre que no hubiese un ventilador encendido, porque en ese caso hablaríamos de la mitad de distancia. Tenía una rendija en la que se podía echar un par de gotas de aceite que se convertía en una pequeña bocanada de humo azul al apretar el gatillo. A pesar de esa pequeña característica divertida, no se podía comparar en nada a la de Doug y ambos lo sabíamos. Su escopeta de perdigones también disparaba como una de verdad. Podía recargarla lo que a mí me parecía una cantidad ilimitada de veces, e imaginábamos que podía perforar el acero. Él le puso una enorme mira telescópica y le añadió camuflaje, básicamente hecho de viejos calcetines pintados de verde y algunos hierbajos. Era una fabulosa pieza con gran capacidad de disparo en comparación con mi escopeta llamada Daisy, aunque la mía tuviera humo azul y la suya no. Pensé que debería ahorrar para comprarme una escopeta de perdigones como la de Doug y, además, quizás, un estante para rifles. Sí, decididamente, un estante para rifles también.

Una tranquila tarde, Doug y yo caminábamos uno al lado del otro por una senda del bosque. Yo buscaba nuevas latas a las que poder disparar, o algunas que rematar de las que solo hubieran quedado heridas la semana anterior. De repente, noté que Doug ya no estaba junto a mí. Miré a izquierda y derecha, sin verle por ningún sitio. Sin embargo, cuando miré detrás de mí, vi la boca de su escopeta de perdigones que me apuntaba desde detrás de un árbol, con medio calcetín verde colgando de la mira telescópica que tenía a la altura de su ojo. Me había convertido en su próxima lata de estaño, e hice lo que cualquier curtido pistolero habría hecho: correr. Mientras lo hacía, amartillé mi Daisy de aire comprimido con el humo azul, y, justo al pasar el alto de la colina, me di la vuelta para defenderme. Sin embargo, antes de que pudiera rematar, Doug apretó el gatillo y me disparó justo en el vientre.

Debió haber cargado su escopeta veinte veces o más, porque caí de rodillas, miré hacia abajo y vi un agujero con un poco de sangre donde el perdigón había atravesado mi camisa para penetrar en mi cuerpo. Ambos nos quedamos bastante sorprendidos y maravillosamente asombrados a la vez. Nos acabábamos de convertir en una de esas historias que se cuentan. Doug oró por mí y me advirtió que no caminara hacia la luz. Yo le dije que podía quedarse con mi bicicleta si no salía de aquello. Pusimos chicle y hojas sobre el agujero para detener el sangrado, y volvimos al dormitorio de Doug para conseguir unas pinzas y sacar el perdigón. Rociamos un poco de enjuague bucal Scope en el agujero para limpiarlo y luego escarbamos con las pinzas hasta sacar el plomo. Me premió con un corazón púrpura, yo le di la medalla de francotirador, y nos prometimos volver y dispararnos el uno al otro tan a menudo como nos fuera posible.

Me gustaba la manera en la que Doug le hacía frente a la vida. Estaba lleno de aventura y siempre tenía alguna maravillosa diablura en mente. Sentado en el borde de su cama, riéndose por lo ocurrido aquel día, empezó a contarme la historia de otro hombre de aventuras llamado Jesús, que vivió hace mucho tiempo. Como Doug, Jesús no era un tipo religioso. A mí me parecía más bien un individuo común y corriente, absolutamente asombroso. Ayudaba a la gente. Averiguaba qué necesitaban de verdad e intentaba dirigirles en esa dirección. Sanaba a gente que sufría. Pasaba tiempo con el tipo de personas que la mayoría de nosotros nos pasamos la vida evitando. A él no le parecía importarle quiénes eran, porque lo que en realidad le importaba era involucrarse. Esa era una de las cosas que vi en Doug. Me gustaba que pudiera ser amigo de Jesús y que también disparara escopetas de perdigones. Yo creía que eso no estaba permitido, pero, al parecer, sí se podía hacer.

La mía no es una de esas historias desgarradoras que uno suele escuchar cuando alguien describe su encuentro inicial con Jesús. No estaba metido en drogas, no había cometido ningún delito ni había estado en la cárcel. Mi exposición a la religión era mínima y lo poco que sabía no lo entendía muy bien. Había escuchado algo sobre la Santa Cena, sobre la Escuela Dominical... y cualquiera que fuera la pregunta, se suponía que Jesús era la respuesta. También me sonaban raras las reuniones de los miércoles, con un grupo de gente para estudiar la Biblia. Pensaba que uno la leía y hacía lo que ella decía, pero no que se estudiara... Tal vez incluía un cuaderno de ejercicios. Lo único que conocía sobre la fe eran fragmentos y trozos de varias tradiciones, pero no había oído jamás la historia completa de quién era Jesús y lo que quería que el mundo supiera sobre él. A pesar de mi carencia de conocimiento previo, cuando Doug, mi amigo francotirador, me contó toda la historia, pareció tener mucho sentido.

Creo que fue más lo que vi en Doug que lo que él tenía que decirme. En realidad, hasta que no estuvimos en su habitación, en el postoperatorio, jamás habíamos hablado acerca de Jesús. Aun así, yo sabía que Doug tenía algo que yo deseaba. Nunca quise nada con la religión. No la entendía y tampoco me importaba mucho hacerlo. Para ser sincero, creía que ser religioso era para cobardones que no tomaban parte en las travesuras. Aunque Doug no era un buen tirador (o era uno extraordinario, según se mirara), no era así y parecía conocer a una persona: a un Dios real y vivo que le apreciaba e incluso le amaba aunque estuviera tan fastidiado como yo. Gracias a Doug, creí en ese Dios y también lo quería conocer. Creí que Jesús no era simplemente un humo azul que hacía que la religión pareciera real. Él *era* lo auténtico y tenía una enorme capacidad de disparo.

Ahora estoy en la cincuentena y ya no corro alrededor de los bosques jugando con escopetas de aire comprimido. Eso es demasiado aburrido. Poseo un espíritu juguetón, pero también soy abogado y guardo corbatas y trajes en el mismo armario donde conservo mi escopeta, ahora ya oxidada. A veces me impresiona lo extraño que resulta que la misma persona que ha pasado por tantos cambios de vida a lo largo de los años pueda creer en este Dios que sigue siendo el mismo, porque él nunca cambia. Y resulta aun más, porque tengo una mente legal y me gano la vida dedicando mi tiempo a probar las cosas. Es muy difícil demostrar a Dios, pero aun así sigo creyendo. Tengo un abrumador sentido de gratitud conforme me voy haciendo mayor, porque puedo ver, tanto en los buenos tiempos como en los malos, que Dios ha estado conmigo.

Como abogado y seguidor de Jesús, en ocasiones la gente me hace preguntas sobre mi religión. Nunca estoy seguro de lo que esperan aprender de mí, y, lo primero que les digo es que, probablemente, no deberían estar hablando conmigo. No valido mi fe con una tarjeta de puntuación por asistencia a una iglesia. Para mí se trata de una vibrante comunidad de personas que consiste en dos o más individuos de distintos trasfondos que se reúnen alrededor de Jesús. A veces se encuentran en un lugar con campanario y auditorio con asientos. Pero es igual de probable que esa iglesia esté en cualquier otro lugar, ya sean cafeterías, el borde de un glaciar, o un bosque en Uganda. Supongo que cualquiera de estos sitios es perfectamente válido. Cuando se trata de un asunto del corazón, el enclave no importa. Para mí, consiste en Jesús y nada más... ni siquiera un edificio.

Cuando mis amigos me preguntan sobre mi fe, les digo que hace mucho tiempo, mi colega Doug me habló acerca de Jesús y me dijo que podía conocerle. No empecé a creer en él solo porque Doug me disparara. Sin embargo, no he dejado de hacerlo desde entonces ni cuando he recibido los disparos de algunos francotiradores que eran gente religiosa. Hay un pasaje en la Biblia que dice que quienes no han tenido un encuentro con Jesús pensarán que quienes lo conocen están locos. A veces me miran de ese modo y suelen ser individuos que no tienen una gran creatividad o que no han experimentado la aventura ni han jugado con escopetas de aire comprimido, ni les han disparado una o dos veces. La gente que se ha ido volviendo típica le da más trabajo entender lo que es tener una amistad dinámica con un Dios vivo e invisible.

Supongo que no es que haya nada malo en ser típico, pero tampoco es que haya en ello algo fundamentalmente bueno. Nunca he leído en Génesis que Dios creó algo «típico» y lo llamó bueno. Sin embargo, sí creo que algunos hombres aburridos crearon lo *típico* y si bien no lo llamaron bueno, lo llamaron aceptable. No obstante, los seguidores de Jesús ya no son típicos: Dios los invita constantemente a una vida que se aleja de lo que es típico. Aunque tengan trabajos normales, vivan en casas normales y conduzcan autos normales, ellos ya no son los mismos.

Aquellos primeros hombres que Jesús escogió para que le siguieran comenzaron, sin lugar a duda, como gente típica. Eran incultos y ordinarios. Pescadores, empresarios, ciegos, mujeres de vida alegre, estafadores y vagabundos. Era gente sin puntería, como Doug y yo; individuos heridos por la vida y remendados con chicle, hojas y gracia. Pero al igual que mi escopeta de aire comprimido, lo que les falta a los seguidores de Cristo en velocidad lo compensan en intensidad. Son personas que han experimentado una amistad profundamente íntima con Jesús y que siguen adelante con un ímpetu que iguale esa experiencia.

Jesús nos permite ser auténticos con nuestra vida y nuestra fe. Quizás mi escopeta no tiene el mismo alcance que la de otra persona. Eso me importaba antes, pero ya no tiene efecto sobre mí. Jesús dijo que podíamos dejar atrás lo típico, dejar todas las comparaciones, los adornos y todo el fingimiento de la religión. Jesús explicó a la gente con la que estaba que no bastaba con dar la impresión de amar a Dios. Afirmó que conoceríamos el alcance de nuestro amor hacia Dios por lo bien que amáramos a la gente.

Doug y yo seguimos siendo amigos. De vez en cuando le envío mensajes de texto para ver cómo le va y saber si le ha disparado a alguien recientemente. No soy demasiado bueno en ortografía, y menos mal que mi teléfono autocorrige las palabras que tecleo. Sin embargo, he observado que cada vez que escribo la palabra *love* (amor), automáticamente la cambia por *live* (vida). Es como una especie de recordatorio de una de las cosas que aprendí de Doug con respecto a seguir a Jesús. Me enseñó que amar y vivir plenamente no solo son sinónimos, sino el tipo de vida de la que Jesús nos invita a formar parte. Por esta razón, nuestras vidas ya no necesitan ser bocanadas de humo azul.

....

CAPÍTULO 3

RYAN ENAMORADO

*Solía pensar que ser amado era la cosa más extraordinaria en la que
se podía pensar,
pero ahora sé que el amor no se satisface jamás solo con pensar en él.*

Tenemos una casa cerca del agua, y hay un pequeño sendero de
hierba por el que las parejas pasean tomadas de la mano, junto
a la bahía. Mi esposa y yo nos sentamos en el porche trasero
y pasamos mucho tiempo, con las manos entrelazadas, observando
cómo los enamorados siguen el camino serpenteante. Estamos tan
cerca del agua que nos saludan con la mano, y nosotros les devolve-
mos el ademán, como un retazo nostálgico de otro tiempo en el que
la gente se saludaba durante los lentos paseos. Así fue como conocí
a Ryan.

Un día llegó, caminando sendero abajo, completamente solo.
Nos hizo un gesto con la mano que nosotros le devolvimos, como
hacíamos con todos los que pasaban por allí. Sin embargo, en lugar
de seguir adelante, él se detuvo allí, en el camino, saludando sin
moverse. Como no dejaba de agitar su mano, nosotros tampoco
dejamos de hacerlo. Para ser sinceros, resultaba un tanto incómodo.
Me pregunté si aquel joven no querría hablar, de modo que, para

romper la tensión, recorrí el pequeño tramo que separaba el porche del camino para decirle hola.

—Hola, ¿qué tal? —le dije extendiendo mi mano para estrechar la suya y darle un poco de descanso después de tanto saludo.

—Hola, soy Ryan y estoy enamorado —me respondió muy seguro. Tenía esa mirada vidriada que suelen tener los tipos flechados por el amor.

—Bueno, Ryan, ¡eso es fantástico! Enhorabuena.

Hablaba como si hubiera estado aguantando la respiración durante un tiempo. Aquel chico que irradiaba amor me tomó por sorpresa al acercarse a mí, un completo extraño, y pedirme permiso para utilizar mi casa para llevar a cabo su plan. Pero supongo que es lo que ocurre cuando uno está enamorado, ¿no es así? Lo único que sabía era que quería a la muchacha y haría lo que fuera necesario por conseguirla.

—Ryan, ¡me parece una idea fantástica! —le respondí riendo.

—¿De veras? —me contestó. Imagino que se esperaba un no instantáneo o un «lo pensaré» más amable.

—¡Por supuesto! ¡Vete a buscar a tu chica y sellemos el compromiso!

Acto seguido, Ryan se marchó medio brincando, medio flotando, por el camino de hierba. Creo que sus pies tocaban el sendero más o menos cada seis metros. Estaba utilizando la estrategia; estaba siendo audaz; sabía lo que quería hacer. Iba a conseguir a su chica.

Unos días más tarde, estábamos sentados otra vez en el porche trasero. Las parejas bajaban por el sendero tomadas de la mano. Los saludábamos con la mano y ellos nos devolvían el saludo. Entonces apareció un tipo dando brincos y agitando alegremente ambos brazos. No tardé mucho en darme cuenta que era Ryan, y bajé hasta el camino para recibirle.

—¡Hola! —gritó Ryan con su sonrisa maravillosamente bobalicona y brillante de *estoy enamorado*.

—Hola, Ryan, ¿en qué puedo ayudarte?

—Bueno, ya sabe que voy a proponerle matrimonio a mi novia en su patio trasero, ¿no? —me comentó. Sí, yo lo recordaba—. Me preguntaba si cree que sería posible que nosotros... —hizo otra pausa estilo Ryan, de manera que yo ya sabía que lo seguía sería algo gordo— ...cenáramos en su porche trasero antes de que le suelte la pregunta.

Me mordí la lengua para evitar reírme a carcajadas. Antes de aquella semana, jamás había visto a Ryan, ¿y ahora me preguntaba si podía declararse y cenar en mi porche trasero? *¡Este chico está que bebe los vientos!* Tras una breve pausa, disparé de nuevo al joven Ryan: «¡Qué más da! Claro que pueden cenar en mi porche, Ryan! ¡Es una gran idea! ¿Qué quieres que les prepare?».

No creo que haya escuchado porque allá salió Ryan corriendo sendero abajo. Parecía estar levitando: tocaría la hierba una o dos veces en los siguientes noventa metros. Se encontraba un paso más cerca del premio. Estaba entregado. Para él, todo giraba en torno a actuar y no se limitaba a soñar. Iba a conseguir a la chica.

Para aquel entonces, descubrí que esperaba mis encuentros vespertinos con el joven Ryan. Me recordaba lo divertido que era ser joven y estar enamorado. Incluso empecé a llegar más temprano a casa, después del trabajo, y me sentaba en el porche trasero esperando que llegara, mirando mi reloj cada cinco minutos, preguntándome cuándo llegaría brincando sendero abajo con otra estrafalaria petición a un completo extraño. Y desde luego que vino, saltando por el camino, de modo que bajé a saludarlo.

—Hola, Bob. Oye, estaba pensando... —de nuevo la elocuente pausa—. ¿Sería posible traer a algunos amigos míos que nos sirvieran la cena en su porche?

—Puedes claro que sí —respondí de inmediato, riéndome. Así de involucrado estaba ya con Ryan; ¿qué daño podría hacer que vinieran unos cuantos amigos suyos?—. ¡Qué gran idea! ¿Cuántas personas necesitas para que les sirvan la cena a los dos?

Ryan levantó la mirada con la sonrisa del gato de Cheshire y, tímidamente, contestó: «¿Veinte?». *¿Acababa de decir que quería meter a veinte personas en mi casa para que fueran sus camareros?*, me pregunté asombrado y admirado por la trayectoria sistemáticamente audaz, y casi vertical de los planes de Ryan. ¿Quería que veinte personas sirvieran una cena para dos? ¡Eso sí que es un servicio! Pero cuando el amor hace, lo hace *en grande*.

«¡Qué gran idea, Ryan! ¡Veinte, pues! —afirmé sin vacilar. Ryan se marchó saltando bahía abajo. Podría apostar que su cabeza estaba a punto de explotar de expectación. Tenía la visión, el plan, el lugar, el personal. Tenía el gatillo bloqueado sobre el objetivo, e iba a conseguir a aquella muchacha.

Unos cuantos días más tarde, yo estaba en mi puesto. Al instante apareció Ryan, galopando sendero abajo.

—Ryan, ¿qué tal van los planes?

—Bien —contestó—. En realidad me preguntaba si no le parecería mal, después de la cena y una vez que mis amigos se hubiesen marchado, poner unos altavoces en el porche y quizás podríamos bailar un poco.

Por supuesto quieres bailar en el porche de un extraño.

—Así que, altavoces ¿no? —repliqué—. ¿Algo más? —añadí. Ahora, yo intentaba sonsacarle todas las posibilidades.

—Bueno, creo que con eso todo está cubierto por el momento. Le pediré que se case conmigo después de bailar un poco.

—Gran idea —le dije a Ryan—. ¡Ve a por la chica! —Ryan se marchó dando saltitos.

Pasaron uno o dos días sin que Ryan volviera a aparecer. Casi sentí cómo una depresión de grado menor se apoderaba de mí.

¿Habrían acabado los planes? ¿No se le había ocurrido ninguna otra idea caprichosa y estrafalaria mientras planeaba su gran evento? ¿Habría ocurrido algo? Me senté en el porche reflexionando sobre lo contagioso que era el estilo de amor de Ryan. Entonces, como si fuera una señal, llegó de nuevo, corriendo por el camino.

A esas alturas, Ryan ya era un «cliente habitual» y cruzaba el césped dando saltos y subía al porche sin vacilar. Estaba casi sin resuello, inclinado hacia adelante con las manos en las rodillas, intentando recuperar la respiración. Me pregunté si debía darle una bolsa de papel para que respirara dentro de ella. Tras unos largos minutos, se enderezó. Hubo una pausa mientras nuestras miradas se encontraron. Yo ya había aprendido que, en Ryan, una pausa significaba que había otra idea tremenda gestándose en su cabeza.

—Eh, Ryan ¿qué hay? Me alegro de verte. ¿Cómo van los planes para con tu enamorada?

—¿Tiene usted... —balbuceó exhalando—... tiene... —prosiguió inhalando— un barco?

—¡¿Un barco?! —exclamé, riendo a carcajadas mientras le pedía que repitiera lo que me había parecido oír.

—Sí, ¿tiene un barco? —preguntó con más seguridad mientras se enderezaba un poco más.

—Pues, fíjate Ryan, ¡que sí tengo uno! —contesté mitad entusiasmado y mitad asombrado ante aquella audacia, inducida por el amor, de Ryan. De nuevo se le vidrió la mirada cuando me miraba directamente a los ojos.

—Bien, ¿me lo puede prestar?

Ryan estaba fuera de control. No tenía ni idea de la cosa tan estrafalaria que estaba pidiendo. Sin embargo, para él yo no era un completo extraño... nadie lo era. Según su forma de verlo, el mundo estaba lleno de cómplices cuando se trataba de conseguir a su amor. No tenía la más mínima conciencia de que lo adecuado, lo acepta- ble y lo convencional pudieran suponer un impedimento. No iba a permitir que nada se interpusiera en el camino de lo que él había decidido hacer.

—Está bien, Ryan. ¡El barco es tuyo! —le dije—. Después de cenar en mi casa, los llevaré a ti y a tu novia en mi barco, una vez que tus veinte amigos hayan acabado de servirles, y después de que hayan bailado juntos en mi porche. Le puedes hacer la pregunta a tu chica en la cubierta de proa de mi barco.

Ryan volvió a flotar una vez más, marchándose, sin la menor idea del hermoso ridículo que aquella chica provocaba en él. Ryan era todo un caso en enfoque, tenacidad y entrega. Era todo gasolina, y no tenía frenos.

Lo que Ryan no sabía era que yo había decidido ir un paso por delante de él. ¿Por qué iba a tener él solo toda la diversión? Aquella noche, llamé a la guardia costera y les conté el plan detallado de Ryan y todo su exagerado entusiasmo por su chica que le había sumido en un estado de arbitrariedad sin igual. Su arrebato era contagioso y, enseguida, el tipo del otro lado de la línea telefónica captó también la onda. El oficial de la guardia costera y yo trazamos nuestro propio plan.

Cuando llegó la gran noche, todo estaba listo. Era una noche agradable, el aire era fresco, y creo que hasta las estrellas salieron unos minutos antes para contemplar el desarrollo del elaborado esquema de Ryan.

Él y su chica llegaron caminando sendero abajo. Cuando llegaron a la casa blanca Nantucket sobre la bahía, él la guió por las escaleras, a través del césped, hacia la mesa donde brillaba una vela, en el porche.

«Ryan, ¿qué estamos haciendo? ¿Esto está bien? ¿De quién es esta casa?», susurró y agarró su brazo un poco más fuerte. Ryan retiró su silla y le explicó que aquello era para ella, mientras tomaba asiento.

El servicio de la cena por parte de los veinte camareros fue impecable y el baile posterior fue entrañable, mientras los dos bailaban abrazados el uno al otro, moviéndose juntos, con suavidad, sobre el porche. Mientras bailaban, giraban y hablaban en voz baja. A esas alturas la noche había caído por completo, y las luces de la ciudad se mezclaban con las estrellas que empezaban a dominar el horizonte. Era como si aquellas primeras estrellas se hubieran ido a casa e invitado a todas sus amigas, diciéndoles: «*Tienen* que ver esto».

La velada iba llegando a su fin natural, y Ryan tomó a su chica de la mano y se dirigieron de nuevo hacia el camino. Siempre me he preguntado qué pasaría por la cabeza de ella durante todo ese tiempo. Espero que le pareciera un sueño.

Cuando se acercaron al embarcadero detrás de la casa, Ryan agarró su mano, se dio la vuelta y la llevó hacia un barco que estaba atado al final.

—Ryan, *¿qué estamos haciendo?* —le exigió a medias.

—Vamos —fue todo lo que se le ocurrió decir mientras subían a mi barco. Yo me encontraba al timón y ellos fueron a la proa. Bajo la luz de las estrellas, salimos a la bahía. Tras un breve tiempo, nos acercamos al punto en el que Ryan y yo habíamos acordado que detendría el barco para que él pudiera hacerle la pregunta. En un total golpe de gracia, Ryan tenía a más de cincuenta de sus amigos en la orilla para que dibujaran con velas «¿Quieres casarte conmigo?» por si se le trababa la lengua o si se sentía sobrecogido por la intensidad y lo impredecible del momento. Con sus señales parpadeantes como telón de fondo, Ryan dobló una rodilla.

«¿Quieres... —exhaló— quieres... —inhaló— casarte... —hizo una pausa—... conmigo?

Se oyó un pequeño grito ahogado seguido por un inmediato y entusiasmado «sí».

En ese momento, el más especial de sus vidas, ni Ryan ni su futura esposa se dieron cuenta de que la guardia costera había estacionado detrás de nosotros con su barco para combatir incendios, tal como el oficial y yo habíamos planeado. Le hice una señal levantando el pulgar —para indicar que ella había dicho que sí— y el disparó todos los cañones de agua de que disponía. Fue una escena digna del puerto de Nueva York un cuatro de julio, con la Estatua de la Libertad al fondo. Pero no era allí donde estaba ocurriendo, estaba sucediendo para Ryan, porque esa es la forma en la que funciona el amor; se multiplica. Él y su futura esposa dejaron que aquellos cañones de agua les rociaran como mil pequeños besos.

El amor de Ryan era audaz, antojadizo, estratégico. Pero sobre todo, era contagioso. Observar cómo se perdía en el amor me recordó que estar «comprometido» no es tan solo un acontecimiento que tiene lugar cuando un tipo hinca una rodilla en el suelo y pone un anillo en el dedo de su verdadero amor. Estar comprometido es una forma de hacer frente a la vida, de vivir y de amar. Se trata de llegar a los extremos y expresar la brillante esperanza que la vida nos ofrece, una ilusión que nos hace valientes y expulsa la oscuridad con su luz. Así quiero que sea mi vida... llena de entrega, caprichosa, y enamorada. Quiero estar comprometido a la vida y con la vida.

Disfruto de esas partes de la Biblia donde Jesús habla sobre lo mucho que ama a su Esposa. Hace que me pregunte si los árboles, las montañas y los ríos son cosas que él planificó con antelación sabiendo que nos cautivarían. Me pregunto si Dios volvió una y otra vez a este mundo en el que nos puso, pensando que lo que había creado era bueno, pero que podía ser incluso mejor, más grandioso. Me pregunto si pensó que cada mañana de niebla, cada lluvia suave, cada campo de flores silvestres sería una forma silenciosa y audaz de demostrar su tremendo amor por nosotros.

No sé si Dios se parecía un poco a Ryan cuando lo creó todo, o si Ryan se parecía un poco a Dios. Lo que sí sé es que el amor atrevido de Ryan es una de las mejores evidencias que he encontrado sobre el tipo de amor del que Jesús habló, uno que nunca se cansa, que nunca deja de buscar la forma de expresarse de una manera completa.

....

CAPÍTULO 4

EL ESTIRAMIENTO

Solía temer al fracaso en las cosas que realmente me importaban,
pero ahora le temo más a tener éxito en las cosas irrelevantes.

Mi primer empleo de verdad fue en el restaurante Lehr's Greenhouse. Era un edificio fantástico, todo de cristal, diseñado para parecer un arboreto. Era la Catedral de Cristal del buen cenar. Cada mesa se hallaba dentro de su propio cenador blanco, hermosamente decorado. Y había docenas de ellos. La cristalería era perfecta, la vajilla delicada y los camareros bien peinados y de etiqueta, con su esmoquin negro, fajín y lazos. Cuando solicité trabajo en Lehr's, imaginé lo bien que me sentaría esa vestimenta, cómo memorizaría el menú y haría que cualquier baile de graduación o cena de negocios fuera impecable. También me veía contando un montón de dinero procedente de las generosas propinas.

Para poder ser camarero en Lehr's Greenhouse, tuve que empezar como ayudante e ir abriéndome camino. Supongo que lo hice bastante bien, pero claro, ¿cómo se puede meter la pata recogiendo platos sucios? Era un trabajo duro, pero la idea de convertirme algún día en camarero hizo que mereciera la pena. Como ayudante aprendí que, aunque la atmósfera creada en las mesas de los cenadores blancos era sensacional, la falta de espacio provocaba situaciones en las que resultaba difícil maniobrar. Para cuando yo llegaba a las mesas a recoger los platos, todo el mundo se había marchado y me preguntaba cómo se las arreglaban los camareros para efectuar el estiramiento necesario para servir las mesas. Cuando llevaba un año, el *maître* me llevó aparte y me comunicó que podía comprar mi esmoquin y convertirme en camarero. A la mañana siguiente, nada más abrir la tienda, allí estaba yo.

Cuando llegó para mí la noche inaugural en la que tenía mi primer turno de camarero, estaba tan entusiasmado que apenas podía comer. Salí a toda prisa de mi pequeño apartamento y compré algo de comida rápida mexicana a la vuelta de la esquina, porque no nos dejaban comer en el restaurante. Regresé rápidamente y me encasqueté el esmoquin por primera vez desde que me lo había probado en la tienda. Era una prenda cara, pero sabía que en los dos últimos meses había ganado bastante en propinas para poder pagarlo. Había dejado un depósito equivalente a la mitad del precio y había acordado pagar el resto a plazos con mi nuevo trabajo de camarero. Me entretuve deliberadamente por los alrededores del complejo de apartamentos donde vivía, el tiempo suficiente para que todos mis vecinos vieran que, en efecto, tenía un esmoquin con camisa de chorrera. Dejé a su imaginación que llegaran a entender lo especial que era. Salté dentro de mi desvencijado Volkswagen, conduje hasta el restaurante y aparqué al volver la esquina para asegurarme de que nadie me viera en aquel auto. Deseaba tener la mirada 007, ya sabes... *mi otro auto es un Aston Martin.*

La noche estaba totalmente despejada. Se podían ver las estrellas a través del techo de cristal. La Cenicienta no habría estado fuera de lugar si hubiera llegado en su carroza. En todos los cenadores había luces centelleantes como si fuera Navidad, pero en el mes de julio. Todo el restaurante producía en mí una sensación distinta, como si hubiera sido un suplente en una obra de teatro, y ahora saliera a escena como el protagonista. El *maître* acompañó a mis primeros clientes a uno de los elegantes cenadores de mi zona. Parecía un rico doctor con sus invitados de negocios. Todos iban bien almidonados y acicalados, y, por su aspecto, cualquiera de ellos podría haber sido el Consejero General de Salud. Las mujeres, que parecían sacadas de la portada del *Vogue*, se sentaron mientras los caballeros arrimaban sus sillas a la mesa. Tan pronto como los hombres se acomodaron, coloqué una servilleta en el regazo de cada comensal y les recité el discurso que había ensayado una docena de veces frente al espejo de mi cuarto de baño, mientras mi dentífrico y el bote de desodorante me escuchaban. Les comenté la cantidad de opciones increíbles con las que contaban aquella noche para lo que sería, sin lugar a dudas, la mejor comida, el mejor servicio y la experiencia más extraordinaria de sus vidas. En una palabra, les prometí que la velada sería perfecta.

Cursé los pedidos y, tras un breve periodo de tiempo, regresé al cenador con los platos humeantes. Todo parecía ir bien, hasta que ocurrió lo impensable. En el momento en el que me estiraba para llegar hasta el otro extremo de la amplia mesa, sentí un enorme gruñido en algún lugar al sur de mi estómago, abajo, tan hondo como se pueda imaginar. No hubo tiempo para reaccionar. En la cúspide de mi estiramiento de un lado al otro de la mesa, con un plato de costillas en la mano, se me escapó la flatulencia más impresionante y larga del mundo. Ni siquiera tuve tiempo de lamentarme por haber comido aquella comida mexicana un rato antes. Aquello fue terrible por derecho propio. Pero lo más extraordinario es que no acababa. Podría haber interpretado todo el abecedario si hubiera podido ponerme las manos allá atrás, y de nada sirvió apretar las nalgas, porque aquello no tenía fin.

Cuando terminó mi episodio, pude ver las miradas de absoluto desconcierto de mis clientes. Creo que hasta oí gritar a una mujer. Desde luego había captado la atención de todas las mesas de alrededor. Un silencio sepulcral cayó sobre todos nosotros, mientras yo estaba allí parado, paralizado, sosteniendo las costillas en alto sobre la mesa. No sabía qué decir y tenía miedo de que cualquier movimiento pudiera desencadenar una réplica. Finalmente, uno de los hombres se levantó, tiró la servilleta que yo había colocado en su regazo, y fue directamente hacia el *maître*. Pude ver cómo, con castigadora precisión, le describió lo que acababa de ocurrir, imitando cómo me había estirado completamente, apoyándose sobre un solo pie e inclinándose sobre una mesa imaginaria. Los sonidos que intentó reproducir carecieron de un cierto tono bajo y de textura, pero, en general, creo que había captado perfectamente la idea y la duración.

Me despidieron en el momento. Sin chistar. Con la faja en una mano y el lazo en la otra, me dirigí de vuelta a mi Volkswagen cabizbajo. Me senté en el asiento delantero, respiré hondo y me pregunté qué se suponía que debía sentir en un momento como ese. Por una parte, acababa de destrozar el esfuerzo de todo un año de trabajo. Había conseguido aquel puesto de camarero jugando en las ligas inferiores, recogiendo mesas; y, cuando por fin asumo la responsabilidad en las grades ligas, bateo con tanta fuerza como puedo y golpeo al árbitro en la nuca. Para ser sincero, creo que no podría haberlo hecho peor. Sin embargo, por otra parte, tenía una historia para toda la vida, una que les podría contar a mis hijos cuando creyeran que habían cometido un gran error.

Volví a tomar otra bocanada de aire y sentí cómo una inmensa sonrisa se extendía por mi rostro. Era como si se estuviera produciendo sola y yo no tuviera que ver nada en el asunto. Al conducir de regreso a casa, reviví en mi mente los acontecimientos de las últimas dos horas. Pensé en mi esmoquin, ahora inútil, en los clientes, el pedido, la forma en que me estiré por encima de la mesa, los gritos ahogados, los chillidos, el despido. No puedo mentir. Incluso en aquel momento supe que, sin duda alguna, había sido una noche asombrosa, aunque no había sido perfecta.

Mi abuela Mary solía decirme: «No eres nadie hasta que no te han despedido un par de veces». No especificó *cómo* debían despedirte, por lo que supongo que su dicho también se aplicaba a mi caso. Durante los seis meses siguientes estuve pagando aquel esmoquin hasta que lo entregué al Goodwill (tienda de ropa y artículos de segunda en Estados Unidos) y jamás volví a intentar ser camarero.

Lo que me gusta de Dios es que guía a las personas al fracaso de forma deliberada. Nos hizo nacer como niños pequeños que no pueden caminar ni hablar, ni incluso utilizar un baño correctamente. Se nos debe enseñar todo y ese aprendizaje toma tiempo. Nos creó de modo que dependiéramos de él, de nuestros padres y los unos de los otros. Todo está diseñado de forma que lo intentemos una y otra vez hasta que consigamos hacer las cosas bien. Y, mientras esto ocurre, la paciencia de él es infinita.

Me encantan esos pasajes de las Escrituras en los que Jesús enseña algo a los discípulos, explicándoles: «Quiero enseñarles a pensar en la vida de una manera distinta». Caminaron con él durante años, y algunos de ellos no aprendieron todo lo que necesitaban saber hasta que él regresó al cielo. A pesar de todo, aunque fueron tardos para aprender, siguieron refiriéndose a sí mismos como los amados de Jesús. El fracaso es, sencillamente, parte del proceso y no solo está bien: está más que bien. Dios no quiere que el fracaso nos apague. Dios no lo convirtió en algo al estilo de «tres-*strikes*-y-estás-fuera, ponchaste». Se trata más bien de cómo Dios nos ayuda a sacudirnos el polvo para que podamos volvérnosla a jugar. Y todo ello, sin llevar un registro meticuloso de nuestras metidas de pata.

Eventualmente encontré otro empleo, y eventualmente también lo perdí. Pero en aquella ocasión lo perdí porque quise y no porque me despidieran. Es precisamente de encontrar cosas y de perder cosas de lo que trata la Biblia. Dios incluso parecía alentarlo. Hablaba de perder el trabajo y hasta la vida si uno quería hallarla. Predicaba sobre perder tu posición para encontrar el verdadero poder. Nos dice que Jesús viene a buscarnos, porque las personas, como las ovejas, tienen una especial habilidad para perderse. Y, cuando nos encuentra, por lo general no estamos vestidos de esmoquin.

Las cosas que salen mal pueden moldearnos o dejarnos una cicatriz. En mi vida, algunas cosas han salido bien, y otras no tanto, como te ocurre a ti. Son más las positivas que las negativas, pero no estoy intentando llevar la cuenta, porque ahora tengo otra forma de medir las cosas. Dios nos encuentra en nuestros fracasos y en nuestros éxitos, y dice que aunque estábamos acostumbrados a pensar de una manera, él quiere que ahora consideremos esas mismas cosas de un modo distinto. Y en mi caso, me he dado cuenta que solía temer al fracaso en las cosas que realmente me importaban, pero ahora le temo más a tener éxito en las cosas irrelevantes.

CAPÍTULO 5

....

EL ESPEJO RETROVISOR

Solía pensar que podía moldear las circunstancias a mi alrededor,
pero ahora sé que Jesús las utiliza para moldearme a mí.

Al acabar la escuela secundaria fui a la Humboldt State University porque quería ser guardabosques. En realidad, tomé una de esas pruebas de aptitud en la escuela secundaria y distorsioné todas las respuestas para que la escuela informara a mis padres que, si había alguien que hubiera nacido para ser guardabosques, ese era yo. Lo que más ilusión me hacía de esa profesión es que uno vive en los bosques, te dan una camioneta verde, una placa de identificación y, encima de todo esto, te dan un sombrero de ala ancha. Tras leer los resultados del test que había alterado, mis padres se vieron obligados a aceptar que estaba hecho para ser guardabosques, y mi madre me llevó a las montañas donde viven quienes desempeñan esta función. *¿Dónde están las chicas?*, pensé. Esta fue la primera indicación de que mi investigación tenía, quizás, algunas deficiencias.

Los guardabosques tampoco vivían en los bosques de la forma en que lo había imaginado, sino en unos dormitorios de hormigón verde, con catres alineados en filas, bajo luces fluorescentes. Al parecer, su mayor aventura consistía en entregar multas a la gente que

31

aparcaba donde no se debía. Jugaban mucho a los naipes y cenaban viendo la televisión. Lo que tenía en mente incluía estar en el bosque al aire libre y era más varonil, supongo. Escopetas, cabezas de reno, botas de nieve apoyadas contra una gran chimenea de piedra, un montón de carne seca... cosas por el estilo. Me enteré de que la mayoría de quienes se especializan en ciencia forestal en la universidad consiguen trabajo en compañías de productos forestales como Georgia Pacific o Weyerhaeuser y administran la tala de árboles para la fabricación de papel, envoltorios, etc. Me sentí decepcionado, pero era demasiado tarde para cambiar de escuela, de modo que fui a Humboldt como estudiante especializado en la actividad forestal.

Recién comencé mi primer año en Humboldt, desencantado por la falta de chicas y el asunto de la explotación forestal en general, decidí que había llegado el momento de hacer un cambio. Decidí trasladarme a San Diego, matricularme en la universidad y practicar el surf. Seguro que tendría futuro en esa actividad. Mi decisión tenía más sentido, porque Kathy, mi amor de la escuela secundaria, estudiaba en UCLA (Universidad de California, Los Ángeles) y así podría estar cerca de ella. Con lo que yo no contaba, sin embargo, era con que muy pronto recibiría su primera y breve carta que empezaba por «Querido Bob».

En ella, Kathy me contaba que, después de llegar a UCLA había «iniciado una relación romántica con su hermano mayor».

«¿Se ha liado con su *hermano mayor*?», exclamé ahogando un grito, mientras el papel colgaba de mi mano. «¿Acaso eso no es ilegal o algo así? Además, ni siquiera sabía que Kathy tuviera un hermano mayor. ¿Y cómo rayos se llama?

Más tarde supe que se había unido a una hermandad femenina de estudiantes y que «hermano mayor» es, en el argot de las fraternidades universitarias, un chico que pertenece a una fraternidad y con el que se emparejan las chicas de la hermandad. Me sentí tan herido... casi deseé que fuera la versión que había entendido en un principio, para poder recuperar mi ego. Juré que no volvería a amar jamás. También hice voto de no unirme a ninguna fraternidad ni de formar parte del sistema griego. Empecé a hacer una lista de todas las cosas griegas que boicotearía. En mi breve lista anoté los *gyros*, las aceitunas y la extirpación de mi tendón de Aquiles.

Cuando recibí la carta de Kathy me pareció que mi breve vida se había evaporado, de modo que actué como suelen hacerlo los jóvenes enfermos de amor. Me subí a mi Volkswagen y conduje durante veintidós horas, desde el condado de Humboldt, en el extremo norte de California, hasta UCLA, en el sur. Doug, mi amigo el asesino, me acompañó y, tras dos neumáticos pinchados, un montón de café y varios Jolt Colas, llegamos a Los Ángeles. Dejé a Doug en alguna parte y me dirigí a la casa de la hermandad de Kathy, que se encontraba cerca de Sunset Boulevard, próximo a UCLA. Era una residencia enorme, con criaturas de piedra a lo largo del camino delantero para intimidar a todos y cada uno de los novios abandonados que se acercaran por allí.

Tímidamente subí los escalones, uno por uno, agarré el picaporte de la puerta y golpeé la austera puerta doble que resonó con aire de impenetrabilidad. Pude oír las apagadas reverberaciones en el interior y, por lo que se podía deducir, la casa estaba totalmente vacía. Pero, entonces, justo cuando me daba la vuelta para retirarme, oí el débil sonido de unos pasos que se aproximaban a ella. El pomo se movió mientras yo tragaba saliva y me erguía. La puerta se abrió de par en par, y, allí, como en el momento perfecto de una película, apareció Kathy.

«¿Bob Goff?», dijo casi sin aliento, avergonzada, en un tono que era mitad grito, mitad gemido.

Al parecer era la única chica que estaba en la casa de la hermandad en aquel momento y yo la había tomado por sorpresa. En realidad, su lenguaje corporal emitió una especie de plato combinado de sorpresa, alarma y diría que incluso estuvo a punto de vomitar.

«Entra», tartamudeó casi intentando recuperar las palabras mientras las pronunciaba. Yo *sabía* que todo había acabado, pero pasé adentro. No se tira por la borda un viaje de veinticuatro horas por carretera así porque sí.

Al entrar, me sorprendió de inmediato el esplendor de la enorme casa de la hermandad. La entrada era de mármol con incrustaciones de bronce, paredes del mismo material con elementos fijos de bronce, mármol y estatuas también de bronce diseminadas como centinelas por doquier. Imaginé que el fundador de la hermandad debió haber inventado el mármol y el bronce, o algo parecido. El vestíbulo, que recorrimos rápidamente, daba a otro salón inmenso presidido por una chimenea y un fuego chispeante, donde destacaba el busto de alguien, a tamaño natural, sobre una mesa detrás del sofá. Imaginé que debió ser algún presidente o primer ministro, pero no estaba seguro.

Nerviosa, Kathy me guió en una rápida visita por la casa; siempre fue muy educada. Pensé fugazmente en lo extraño que debía ser para ella que yo estuviera allí. Cuando me llevó, a toda prisa, de regreso a la puerta principal, pasé por el salón de la chimenea y lo que me pareció extraño fue que el busto que se encontraba delante de esta había desaparecido. ¡Había desaparecido! *¿De veras?*, pensé. *¿Qué había ocurrido con el busto de bronce?* Los Ángeles era, desde luego, un lugar más inusual de lo que yo había pensado de primera instancia. Seguía rascándome la cabeza por el desconcierto que me producía aquella ausencia cuando Kathy me apuró para que saliera.

Nos dirigimos al campus, donde Kathy señaló un edificio tras otro, y me fue poniendo al día sobre todas las asombrosas experiencias que estaba teniendo y la gente tan extraordinaria que asistía a UCLA. Sin embargo, en ningún momento nos acercamos realmente al tema de conversación «¿por qué me abandonaste?». No fue accidental, por supuesto; según deduje más tarde, Kathy y su «hermano mayor» eran los únicos que se encontraban en la casa de la hermandad aquel día y estaban acurrucados en el sofá delante de la chimenea cuando yo llamé a la puerta. Cuando Kathy pronunció mi nombre, el tipo se quedó inmóvil y adoptó la postura de una estatua cincelada cuando pasé por allí. Más tarde, cuando Kathy me enseñaba el resto de la casa, debió deslizarse hasta la puerta principal. El sujeto debió andar dando vueltas a nuestro alrededor y pasando por nuestro lado mientras caminábamos por el campus. Imagino que quien se queda con la chica suele sentir, a veces, tanta inseguridad como aquel al que ella abandona.

Más adelante, aquella tarde, Kathy me acompañó hasta mi Volkswagen y abrí la puerta. En realidad no sabía qué decir. Por fin pude pronunciar un «lo que escribiste en tu carta sobre nosotros ¿lo decías de veras?». No era ninguna de las preguntas profundas, razonadas e inquisitivas que había practicado durante todo el trayecto a Los Ángeles, pero fue lo único que me salió en aquel momento. «Sip», confirmó ella mientras me daba unas palmaditas en la mano, dio un paso atrás y murmuró algo así como que debía apresurarse para ir a clase.

Me marché abatido, dejando a UCLA y a Kathy en el espejo retrovisor. Ella se casó con el chico de bronce y jamás descubrí realmente por qué me eclipsó a mí. El hecho de que fuera más atractivo, tuviera más potencial, y fuera más listo que yo, y que, además, no persiguiera una carrera que implicara vivir en los bosques, dormir en un catre, cenar viendo la televisión o surfeando, debió pesar más de lo previsto para inclinar la balanza. No obstante, sigue resultando difícil quedar en segundo lugar.

He aprendido que, a veces, Dios permite que nos hallemos en un lugar en el que deseamos algo con tantas ganas que no podemos pensar en otra cosa. En ocasiones, la situación ni siquiera nos permite verle a él. Cuando anhelamos algo de todo corazón, no es difícil confundir lo que necesitamos de verdad con lo que queremos *en realidad*. He descubierto que cuando esto ocurre —y parece sucederle a todo el mundo—, es porque lo que Dios tiene para nosotros está en la sombra, detrás de otra curva del camino, y no lo vemos.

En la Biblia, aquellos que seguían a Dios tuvieron el mismo problema que yo. Canjearon la realidad por una imagen de lo real. Establecemos objetivos incorrectos y la meta equivocada de nuestra vida acaba siendo una chica, un sombrero de ala ancha o un becerro de oro. Desde el primer momento, lo que Dios quiere realmente para nosotros es algo sumamente distinto, algo más hecho a medida.

Intentar diseñar cosas es algo que es parte de mi naturaleza, quizás de la de todos nosotros. Por tanto, distorsiono las respuestas para conseguir lo que deseo; pero, al hacerlo, también obtengo aquello que no quiero, como un catre y una habitación llena de hombres. La primera vez que quise que alguien se interesara por mí tanto como yo por ella, escogió a otro y yo intenté convencerla para que lo dejara. De haber tenido éxito, no habría experimentado el amor de la forma tan única en que lo he hecho. No habría encontrado ni las cosas ni a la persona que Dios había hecho a mi medida.

Me alegra el no haberme convertido en guardabosques ni en surfista. Hasta me alegra que las cosas resultaran ser como lo fueron después de abandonar UCLA. Aunque fue doloroso en su momento, ahora, muchos años después, cuando miro el espejo retrovisor de mi vida puedo ver pruebas del tremendo amor de Dios y la progresión de su aventura para mí. Desde entonces, he recibido muchas cartas que empezaban por «Querido Bob». Algunas eran tan extensas que había que doblarlas varias veces para que cupieran en el sobre y que me hicieron sentir igual de doblado, al leer sus palabras con demoledora decepción. A pesar de todo, cualesquiera que sean las frases que siguen a mis «Querido Bob», suelen ser a menudo un recordatorio de que la gracia de Dios llega en todas las formas, tamaños y circunstancias, a medida que él sigue desarrollando algo magnífico en mí.

Y, cuando cada uno de nosotros miramos en retrospectiva a los giros y dobleces que Dios ha permitido en nuestra vida, no creo que nos parezca una serie de errores doblados y segundas oportunidades que han moldeado nuestra vida. Más bien creo que, al final, llegaremos a la conclusión de que, tal vez, todos seamos un poco parecidos a una obra de papiroflexia humana y que cuantos más pliegues tengamos, mucho mejor.

CAPÍTULO 6

«¡VE A COMPRAR TUS LIBROS!»

Solía pensar que Dios nos guiaba abriendo y cerrando puertas,
pero ahora sé que Dios algunas veces que derribemos algunas
puertas a patadas.

Cuando les anuncié a mis padres que estaba solicitando admisión en la facultad de derecho, me miraron como si les estuviera proponiendo deshacerme de mi propio hígado. Tienes que entender: ambos son educadores. Yo no era el niño más inteligente que uno pudiera criar. Cuando llegaba a casa con mis notas, ellos me miraban preguntándose cómo podía la astilla ser tan distinta del palo. Cuando me gradué de la escuela secundaria, me entregaron folletos de distintas escuelas vocacionales que impartían cursos sobre motores, electrónica y plomería. Creo que me imaginaban instalando sistemas de alumbrado de decoración de bajo voltaje durante el resto de mi vida. La verdad es que yo también.

Fui a la universidad y me gradué con un título en algo de lo que, aún hoy, sé muy poco y mis notas reflejaban mi prácticamente inexistente compresión sobre el tema. No fue que no lo intenté con todas mis fuerzas mientras estuve en la universidad. Estaba simplemente aburrido y buscaba algo que estuviera a la par de mi cableado. Quería hacer cosas que marcaran la diferencia en el mundo. Sin embargo, mis profesores querían que hiciera algo que marcara la diferencia en mi promedio académico. Pasé la mayor parte del tiempo universitario haciendo surf e intentando descubrir cómo podía ayudar a la gente que estuviera en crisis aquí y en el extranjero, hacer algún tipo de contribución duradera al mundo. No deseaba ser pastor ni misionero... sabía que Dios tenía a gente mejor, apartada para tal menester. De modo que decidí que sería abogado. Ya sé, mucha gente piensa que uno no puede amar a Dios, ser un buen tipo y, a pesar de ello, ser abogado. Pero yo apostaba a que sí era posible.

Existe un gran examen llamado LSAT (examen de admisión a la facultad de derecho, por sus siglas en inglés) que es preciso pasar antes de solicitar admisión en las escuelas de derecho. Todas las escuelas miran primero tu puntuación en el examen, y luego deciden si te admiten o no. Sabía que el examen era importante, de modo que compré un libro de repaso para el LSAT en la librería local. Tenía unos dos centímetros y medio de espesor y me costó $7.95. Me lo leí unas tres veces de principio a fin antes de presentarme al examen. El libro era de fácil lectura y parecía bastante sencillo. Trataba, en su mayor parte, de cómo matricularse para el examen.

Cuando llegó el gran día del examen, estaba allí una hora antes. Era mi primera oportunidad en la facultad de derecho. La gente sentada a mi alrededor iba desde los tipos bien peinados que venían de las escuelas de preparación hasta los trasnochadores que lo dejan todo para última hora y con el pijama todavía puesto. Independientemente de la apariencia externa, sin embargo, todos me preguntaron qué clase de revisión había escogido para prepararme para el LSAT. «¿Elegiste la revisión de Princeton? ¿Tal vez BARBRI?». Escuché cuatro o cinco nombres de cursos de revisión que duraban dos meses y estimé que todos los que estaban allí tenían una pila de material de preparación de metro y medio de alta. Era evidente que mis preliminares eran del todo deplorables y, encima, mi mirada vidriosa me delataba. «Eh, amigo, ¿te encuentras bien?», me preguntó uno de los que se presentaban al examen, adoptando un estilo «surfista», pues seguro que le parecía la única manera de poder llegar hasta mí.

«¿Clases de revisión? ¿Acaso existe una clase en la que te preparan para pasar este examen?». Apenas me salían las palabras. Bajé la mirada hasta mi insignificante y gastado libro de preparación, de apenas 105 páginas, y suspiré al tirarlo a una papelera cercana.

Como ya había pagado, seguí adelante e hice el examen. Basta decir que, unas semanas más tarde, me llegaron las inevitables noticias. El LSAT había acabado conmigo. A pesar de las contrariedades a las que me estaba enfrentando, envié solicitudes a varias escuelas de leyes, ya sabes, para que la oficina de admisiones se riera un poco y rompiera la monotonía de escoger a los verdaderos candidatos de la escuela de leyes. Me apeteció hacerlo, básicamente porque estaba haciendo un pequeño donativo a cada una de las escuelas en las que solicité ingresar en forma de gastos de matrícula. Durante los meses siguientes recibí un montón de correspondencia rebosante de encantadora cortesía que acababa, toda ella, con un *no*. Esto me suele pasar a menudo.

Los chicos realmente inteligentes reciben cartas de las buenas escuelas de derecho en las que les dan la bienvenida y, en ocasiones, hasta les proponen becas para endulzar sus ofertas. A los medianamente avispados les llegaban admisiones corrientes de escuelas de derecho ordinarias. Y los que solo eran inteligentes, pasaban a engrosar las listas de espera. Yo no recibí nada de esto. De ninguna de ellas. Creo que algunas de ellas ni se molestaron en responder porque imaginaban que ambos sabíamos lo que había. Algunas de las escuelas que me rechazaron, hasta me devolvieron el cheque de solicitud. Tal vez no tuvieron corazón para quedarse con mi dinero, sabiendo que tenía *cero* posibilidades de entrar o se imaginaban que con unas notas tan bajas, debería ahorrar hasta el último centavo que tuviera.

Pero había un problema en todo esto. Verás, yo quería ser abogado para poder tener impacto en el mundo, y esto implicaba que tenía que graduarme en la facultad de derecho. Aun sin un solo argumento defendible para que ninguna de ellas me admitiera, decidí que no aceptaría un no por respuesta.

Sabía a cuál quería asistir, de modo que una semana antes del inicio de las clases, me dirigí al gran vestíbulo donde se encontraban la oficina del decano y el personal de admisiones. Me presenté en el mostrador principal y parecieron complacidos de conocer a la persona que había estado llamando sin cesar para confirmar que, en efecto, no aprobaban su solicitud. Me encaminé hacia la gran puerta del despacho del decano, llamé, y entré tímidamente a la austera habitación cubierta de estanterías e inteligencia. El decano de la facultad de derecho se puso en pie y me saludó con reservada, aunque cortés, formalidad acorde a su posición y título.

Adelanté la mano con seguridad, como aconsejan los libros y me presenté.

—Hola, soy Bob Goff y solicité admisión en su facultad —le informé—. Quiero ser abogado y marcar una verdadera diferencia en el mundo.

El decano sonrió educadamente, no pronunció una palabra y permaneció de pie. Aparentemente, esto no bastaba para convencerlo.

—Sin embargo, existe un problema. Verá, no recibí ninguna carta de aceptación. A decir verdad, ni siquiera he recibido una donde se me rechazara. Tampoco me han incluido en la lista de espera. Y en verdad quiero ingresar en su facultad y graduarme, o no podré ser abogado algún día —le expliqué, con la convicción de haber expuesto mi situación bastante bien.

El decano me volvió a estrechar la mano y me dijo:

—Este es un programa competitivo y, lamentablemente, nos vemos obligados a rechazar a muchos candidatos cualificados.

Por misericordia, evitó decirme que yo no formaba parte de estos.

—Ha sido un placer conocerlo —añadió, todavía apretando mi mano. Cuando la soltó, puso la suya sobre mi hombro y comenzó a dirigirse hacia la puerta. Su lenguaje corporal no dejó lugar a malentendidos—. Que tenga usted un buen día —me deseó mientras cerraba lentamente la puerta.

Todavía tuve una última oportunidad de decir algo más antes de que desapareciera en su oficina revestida de paneles. Impedí con el pie que cerrara la puerta y agregué:

—Usted tiene el poder de dejarme entrar. Sé que lo único que necesita decirme es «Ve a comprar tus libros», y yo podría ser un estudiante de la facultad de derecho. Es así de sencillo. Solo necesita pronunciar esas palabras.

Me obsequió con una media sonrisa en la que me indicaba que le parecía una idea adorable, pero que eso no iba a suceder. Luego, la puerta se cerró. Estoy seguro de que pensó que había acabado conmigo y que podía seguir con su importante ocupación de formar a los estudiantes de derecho que sí contaban con el potencial para ello.

Frente a la oficina del decano había un banco. Me recordaba el que yo solía calentar con frecuencia en la oficina del director durante la escuela elemental. Quedaban cinco días antes de que se iniciara el curso de la facultad de derecho, y decidí plantarme en él todos los días. Cada vez que él pasara por allí, le diría: «Lo único que tiene que hacer es decirme "¡Ve a comprar tus libros!"». Era el plan desesperado de un surfista decidido.

La primera vez que el decano pasó por allí, me preguntó por qué seguía allí. Le dije que, aunque había comprendido que rechazara mi solicitud, yo sabía que estaba en sus manos el permitirme ingresar.

Solo tenía que pronunciar las palabras «¡Ve a comprar tus libros!». Me sonrió y se marchó.

Sentado en mi banco, día tras día, disponía de mucho tiempo para pensar. Reflexionaba en los ejemplos de la Biblia en los que bastó con decir la palabra para que ocurriera algo. Jesús pronunciaba una palabra y la gente sanaba. Solo le dijo «Ven» a un tipo llamado Pedro y este acabó caminando sobre las aguas por amor del cielo. Hasta hubo una ocasión en la que se dirigía a casa de un soldado para curar a un siervo, pero el militar dijo que con proferir la palabra bastaría para que su siervo enfermo sanara. Sentado en mi banco, creía que las palabras seguían teniendo poder cuando eran expresadas por la gente correcta.

Quedaban cuatro días antes de que empezaran las clases y yo seguía en mi puesto, alegre y a primera hora de la mañana. Cada vez que el decano salía o entraba de su oficina y pasaba por allí, yo le decía: «Solo dígame que vaya a comprar mis libros». Él solo asentía con la cabeza, a veces la meneaba, y otras, se limitaba a ignorarme y se alejaba.

Lo mismo sucedió cuando quedaban tres días, dos días, y luego uno, antes de que iniciara el curso. No había sido parte de la década de los sesenta, pero para mí, aquello era una huelga de brazos cruzados y yo formaba parte de ella. Después de tres o cuatro días en aquel banco, ya me conocía al dedillo el programa diario del decano. Sabía cuándo iba al baño, las reuniones diarias que tenía, el momento en que iba al gimnasio y regresaba. Cada vez que aparecía en la puerta de su oficina, yo estaba allí, sonriendo y esperando que pronunciara las palabras, aquellas que lo cambiarían todo para mí.

Al alba del día en que se iniciaban las clases, salté de la cama. Sabía que sería mi gran día. A las siete de la mañana ya estaba en mi banco asignado, y vi llegar a todos los chicos inteligentes, yendo y viniendo, midiéndose unos a otros con la vista. El estrépito de su alto funcionamiento rebotaba en las paredes y columnas de mármol. Me senté, ávido por escuchar las palabras, pero ni siquiera vi al decano en todo el día. Me sentí abatido. Mi plan de ingresar en la facultad de derecho antes del día de inauguración del curso no había funcionado. De modo que me di una vuelta por los pasillos y decidí que si no podía entrar en la facultad antes de que comenzaran las clases, lo haría después y recuperaría el tiempo.

El decano pasó por mi lado al menos una docena de veces en el transcurso del segundo día. «Solo dígame que compre mis libros», repetí cada una de ellas. Y, siempre, nada. Acabó el segundo día, y el tercero. Me estaba retrasando en las clases y ni siquiera me habían admitido. Al cuarto día, todavía nada. El quinto, por primera vez, mi esperanza empezaba a decaer cuando me arrastré hasta mi banco. Todos los chicos inteligentes se habían acomodado a su rutina y a los rigores de la facultad, y los únicos ruidos que retumbaban en las paredes del amplio vestíbulo de mármol eran los míos. Murmuraba en mi aburrimiento cómo sonaría si me hubiera traído mi Fender Stratocaster y le hubiera arrancado un par de mis estribillos favoritos de Doobie Brothers. Decidí que lo reservaría para el día de mi graduación.

Ya avanzada la tarde, oí las pisadas familiares del decano que se dirigían a la puerta. Eché un vistazo a mi reloj. Era un poco temprano para que se marchara y un poco tarde para su escapada de media tarde al baño. No había ni un solo detalle del programa de aquel tipo que yo no conociera. En ese momento, los pasos se detuvieron.

Sin gran parafernalia, volteó la esquina desde su oficina, y, como de costumbre, me preparé para decirle: «Solo dígame que vaya a comprar mis libros». Sin embargo, esta vez había algo diferente, porque en lugar de evitarme y marcharse sin pronunciar palabra, vino directamente hacia mí, se quedó en pie, erguido sobre mí. Hubo una larga pausa. El decano me miró directamente a los ojos, me guiñó y pronunció las cinco palabras que cambiaron mi vida para siempre: *¡Ve y compra tus libros!*

Así lo hice.

Una vez oí decir a alguien que Dios había cerrado una puerta ante una oportunidad que había estado esperando. Sin embargo, siempre me he preguntado si cuando queremos hacer algo, a sabiendas de que es correcto y bueno, no será que Dios coloca ese profundo deseo en nuestros corazones, porque es algo que quiere para nosotros y le honra a él. Quizás hay veces en las que pensamos que una puerta se ha cerrado y, en lugar de malinterpretar las circunstancias, Dios lo que quiere es que le demos una patada y que la derribemos. O, tal vez, que nos sentemos afuera por el tiempo suficiente, hasta que alguien nos llame y nos diga que podemos entrar.

Las palabras nos pueden hacer despegar. No necesitamos ser un decano para decir palabras que puedan cambiarlo todo en la vida de alguien, sino que Dios lo dispuso todo para que gente corriente como tú y yo podamos ayudarnos unos a otros. De hecho, me pregunto si no podemos hacerlo mejor que un decano, precisamente por ser gente corriente. Creo que es verdad que la gente adecuada puede pronunciar palabras que lo pueden cambiar todo. Y, ¿sabes qué? Somos nosotros quienes las podemos pronunciar.

Han transcurrido muchos años desde que me senté en el banco del decano para conseguir entrar en la facultad de derecho. Hoy día hago un montón de cosas, pero una de ellas es servir como profesor adjunto en la Facultad de Derecho de Pepperdine, donde enseño derecho sin ánimo de lucro a algunos estudiantes fantásticos. Son los que consiguieron cartas que decían «sí». Ahora, yo soy el que les habla palabras de vida y de estímulo.

No puedo evitar sonreír cuando paso delante de la oficina del decano, cuando voy en camino a dar mi clase, y pienso en un despacho de decano distinto, de una facultad distinta, frente a la que me senté esperando tener la oportunidad de llegar a ser abogado un día. Cada vez que tengo la oportunidad, busco a un estudiante que quiere tomar mi clase pero que la facultad no lo admitió por alguna razón. Y sin mucha fanfarria, averiguo dónde se sienta y me detengo frente a él. Lo miro directamente a los ojos, le guiño un ojo, y le digo...

«¡Ve a comprar tus libros!».

CAPÍTULO 7

....

LA DULCE MARÍA

Solía pensar que Jesús nos motivaba usando ultimátums,
pero ahora sé que nos persigue con su amor.

¿Recuerdas cuando te enamoraste por primera vez? Yo sí. Era
un líder de Young Life en la universidad, junto con mi amigo
Doug. Young Life es un equipo que hace una labor extraordinaria con los chicos de la escuela secundaria, presentándoles a Jesús
de Nazaret sin convertirlo en un gran asunto religioso. Una chica
llamada María, que acababa de salir de la universidad, vino a ayudarnos a Doug y a mí, porque no disponíamos de líderes femeninas
de edad universitaria. Me encontraba de pie, en la parte delantera,
tocando canciones con la guitarra cuando María entró en la sala.
Nada más verla, rompí una cuerda, me incliné y le susurré a Doug:
«Ella es la Sra. Goff». Más tarde le pregunté a María qué recuerda
ella de aquella noche y dice que no se acuerda de haberle murmurado
nada a nadie sobre mí. No obstante, si Jesús me ha enseñado algo es
que algunas veces uno puede querer conocer a alguien y a esta persona le pude llevar toda la vida querer conocerte a ti.

Faltaban diez días para San Valentín cuando vi a María por primera vez. Y como la había reclamado secretamente como mi esposa,

47

pensé que sería mejor dejar que me fuera conociendo. ¿Conoces ese sentimiento en el que no sabes qué hacer contigo mismo? Todo te recuerda a esta persona. Un cuadro, una puesta de sol, niños que juegan, una pareja tomada de la mano, un sujetapapeles, mi reloj de pulsera... todo. No obstante, pensar en ella no es suficiente; necesitas hacer algo, lo que sea.

María trabajaba en una agencia de publicidad en la doceava planta de un alto edificio de oficinas, en el centro de la ciudad. Hacía toda una semana y media que la conocía, de modo que hice lo más sensato que se me pudo ocurrir: fabricarle una inmensa tarjeta de San Valentín. Conseguí dos enormes hojas de cartulina de un metro veinte por dos metros cuarenta y pegué los bordes. Un sobre perfecto. Hice un sello del tamaño de una alfombrilla y lo puse en el sobre boca abajo. (Muchachos, ¿saben que eso significa «te amo», verdad? Si no lo sabían, es tiempo de regresar al colegio). Para el interior, tomé otro trozo de cartulina de un metro veinte por dos metros cuarenta y escribí: «María, ¿quieres ser mi novia?». Sencillo. Directo. Nada complicado de escribir. En realidad deseaba escribir: «María, ¿quieres casarte conmigo?», pero habría sido un poco pronto. Las proposiciones son, claramente, asuntos para la tercera semana.

Pedí prestada una camioneta y llevé mi gigantesca postal al centro de la ciudad y al garaje del alto edificio. Pasé trabajo para meterla dentro del ascensor y atraje más que unas cuantas miradas de extrañeza y sonrisas. El elevador me subió a toda prisa. Me sentía tan entusiasmado que creí que iba a desmayarme. Pero no quería arrugar la tarjeta, de modo que me recompuse como puede. ¿No le parecería a María que era la más extraordinaria tarjeta de San Valentín que hubiera recibido jamás? ¿Se enteraría de lo loco que estaba por ella? ¿Le gustaría yo también a ella? Iba a ser maravilloso. ¡Le encantaría!

El ascensor bajó la velocidad y se detuvo; el timbre sonó cuando las puertas se abrieron. Me costó un poco sacar la tarjeta. La campanilla sonó insistente. Probablemente resonaba como si alguien hubiera instalado una máquina tragamonedas al estilo de Las Vegas cerca de un teléfono de emergencias, pero era solo yo luchando por sacar la tarjeta del elevador. Se debió correr la voz de que había un tipo con una enorme tarjeta atascada en el ascensor, porque, en unos segundos, una pequeña multitud se reunió en el vestíbulo. Los oía preguntarse en voz alta si tendrían que recurrir al departamento de bomberos para que trajeran sus herramientas de excarcelación y me sacaran.

Cuando por fin me alejé de las puertas, aquella pequeña pandilla me miró fijamente como si llevara un equipo de buceo: aletas, tubo, tanque de oxígeno, y toda la parafernalia. Por primera vez empecé a pensar que quizás no fuera tan buena idea. Pero ya era demasiado tarde. Mandaron a buscar a María y apareció por la esquina, y me encontró allí parado, con una gran sonrisa boba, las orejas gachas y una tarjeta gigantesca, exageradamente ambiciosa. No creo que un grupo de chicos bailando la danza irlandesa del Riverdance detrás de mí la hubiera impactado más. María estaba absolutamente avergonzada. Esto retrasó nuestro noviazgo unos seis meses... como poco.

Durante el medio año siguiente, estaba obsesionado con María aunque ella me trataba con una educada distancia. Apenas me hablaba y me dijeron —espero que solo haya sido una buena dosis de sarcasmo—, que salía corriendo cada vez que veía una cartulina. Pero no me dejaba intimidar, a pesar de que seguía subiendo una columna de humo de las ascuas incandescentes, donde me había estrellado y quemado aquel Día de San Valentín. No sabía muy bien cómo actuar, pero tenía que ser algo que expresara lo que sentía dentro de mí. Entonces recordé una cosa: ¡sabía dónde estacionaba su auto!

Decidí empezar a hacerle a María un sándwich de mantequilla de maní y mermelada cada día, y lo pondría debajo del limpiaparabrisas. ¿Por qué? No estoy muy seguro. Era como si la estuviera acosando a fuerza de sándwich. De hecho, hubo veces en las que incluía notitas en ellos.

Sé que todo esto suena a locura, pero si me conocieras, apuesto a que no pensarías así. María debió creer que era un tipo raro. Sin embargo, lo extraño también puede ser seguro, y el mío era un amor insólito e inofensivo. Afortunadamente, ella entendió que para algunos de nosotros —diría que la mayoría— el lenguaje del amor va salpicado de extravagancia. En ocasiones raya en lo irracional. A pesar de ello, como he venido explicando, el amor es algo que exige *acción*. Es una energía que tiene que ser disipada.

••••••◆••••••

Durante el tiempo que pasé en la facultad de derecho, viví en una casita de playa en San Diego. En realidad, parecía más una choza. Estaba al lado de una lavandería y varios de nosotros, chicos poco atractivos, vivíamos juntos y compartíamos un alquiler económico. Al otro lado de la callejuela había una casa frente a la nuestra que solían alquilar las líderes femeninas de Young Life, de modo que me las arreglé para que María consiguiera una habitación allí. Resultó que los tres tipos poco atractivos de nuestra casa estábamos interesados en las tres hermosas chicas de la suya. Finalmente, cada uno de nosotros nos casamos con aquellas muchachas... una por cabeza. No estoy bromeando. Resultó que cualquiera de las jóvenes que durmiera en la litera inferior de su casa era siempre la siguiente en casarse con uno de nosotros. Mirando en retrospectiva, ojalá me hubiera colado en aquella casa y hubiera hecho que los demás colchones fueran un poco menos cómodos, porque no parecía llegar el día en que María se pasara a esa litera inferior. Sospechaba que ella había notado la tendencia, y había optado quizás por dormir en el sofá o en el suelo en lugar de arriesgarse a terminar en una relación conmigo.

En el tiempo en que intentaba que María se fijara en mí, también estaba estudiando para presentar el examen de abogacía. Ella solía pasar a saludar y me encontraba acostado, en posición fetal. Ya hacia el final de curso en la facultad de derecho, el profesor nos dijo que miráramos a nuestro alrededor, porque de cada tres personas en la fila, solo uno aprobaría el examen. Independientemente del extremo de la hilera por el que empezara a contar, ¡siempre yo hacía el número tres! No soy del tipo supersticioso ni nada que se le parezca, pero existía una sensación real de presagio en la disposición de los asientos. Sin que importara el hecho de que llevaba tres años estudiando.

Añadido a la presión estaba el hecho de que no quería pedirle a María que se casara conmigo hasta que no hubiese aprobado el examen de abogacía. No estoy muy seguro de la razón de este prerrequisito autoimpuesto. Imagino que no quería que estuviera comprometida con un tipo que murmurara constantemente que «a la séptima va la vencida» mientras se dedicara a hacer copias de llaves en el kiosco de un aparcamiento. Kevin, mi compañero de habitación, era el estudiante más destacado de la facultad de derecho y, prácticamente, el tipo más inteligente del mundo. Su chica estaba impaciente porque le pidiera matrimonio. Nadie parecía preguntarse cómo le iría a Kevin en el examen. Yo, por mi parte, escudriñaba los anuncios clasificados por si acaso.

De alguna manera, conseguí aprobar en el primer intento el examen de abogacía de California. Por fin había llegado el momento de pedirle a la dulce María que se casara conmigo. Me las ingenié para que me prestaran un yate nuevo, de medio millón de dólares. Urdí un plan para navegar a un lugar recóndito donde María y yo llevaríamos, posteriormente, en mi diminuto y desvencijado velero y leeríamos libros juntos. En realidad eran libros que ella había comprado para nosotros, y que trataban sobre la amistad. A estas alturas sentía que María se había dejado vencer por la compasión o yo empezaba a gustarle. Es posible que también intuyera que si se casaba con cualquier otro, lo más probable fuera que me encontrara viviendo debajo de su casa con tal de estar cerca de ella. Debió decidir que corresponderme sería menos complicado. Y menos escalofriante.

Decoré el yate con papel crepé de colores dignos de un arcoíris. Y entonces... empezó a llover. La tormenta azotó con venganza, empapando los planes de mi declaración y dejando el yate nuevo con la cubierta y el casco embadurnados de colores como una cara camiseta desteñida. No pasé el día declarándome a María y soñando con una vida en común, sino frotando mi decepción empapada de color del barco de otro individuo. Aunque el primer plan había colapsado, todavía conseguiría a la chica. Tenía una idea.

Cerca del Hotel del Coronado había un edificio de finales de siglo, cuyo techo estaba cubierto por esta cosa a la que llaman el «mirador de la viuda». Solo es un detalle arquitectónico, pero para mí era un diminuto restaurante de azotea... uno de dos metros cuarenta por dos metros cuarenta. Había capas de polvo esparcidas por doquier, sillas rotas, viejas servilletas y menús caducos. Pero yo tenía grandes esperanzas puestas en él. Le describí al dueño del edificio mi fallido intento naval y mis sueños naufragantes de una propuesta de matrimonio. El hombre vio lo desesperado que estaba y yo hice todo lo posible por parecer desolado, cosa que no me resultó nada difícil. Así que me permitió mover los asientos rotos y poner una pequeña mesa con dos sillas y algunos candeleros en el diminuto espacio.

Más tarde, aquella misma noche, mientras la tormenta rugía afuera, conduje a María a la pequeña habitación que yo había decorado. Cuando acabamos de cenar, hinqué mi rodilla en la tierra y pregunté: «María, ¿quieres...?». Luego, la emoción del momento fue demasiada para mí y ya no pude proseguir. Como ha resultado ser una de las muchas características destacadas en la dulce María desde entonces, me ayudó a acabar lo que había empezado y me respondió: «Sí».

Todavía hoy día sigo diciéndole que tengo más experiencia en amarla de la que ella tiene en amarme... porque, entre otras cosas, he dedicado dos años más que ella a ese menester. Ella suele bromearme con respecto a la pobre tarjeta de San Valentín y me pregunta cómo rayos se me ocurrió poner los sándwiches en su coche cada mañana.

Amo muchísimo a mi esposa y siempre la amaré. Durante los últimos veinticinco años ella ha sido mi musa. El amor que nos profesamos es el fuego que calienta a nuestra familia. He querido contarte esta historia porque está relacionada con otra cosa que he aprendido al seguir a Jesús. Dios me hizo amar a María y, porque él hizo que tuviera que convencerla de corresponderme, me proporcionó una forma muy real de entender lo que ocurre en el universo.

El amor que sentimos el uno por el otro me hace entender un poco más sobre la forma en que Dios me ha buscado de maneras creativas, extravagantes que, en un principio, no atrajeron mi atención. No obstante, él no cesó en su empeño. Eso es lo que hace el amor... persigue de una forma ciega, con resolución y sin fin. Cuando vas detrás de algo que amas, harás lo que sea para conseguirlo, aunque te cueste todo lo que tengas.

María y yo pasamos nuestros veranos en un hermoso rincón de British Columbia. Hemos construido una casa cerca del mar para que la gente que esté cansada o que necesite resolver algo pueda venir y hallar descanso. Nuestra casita se encuentra al final de una ensenada que bien podría ser el lugar más bello de la tierra. Uno de mis pasatiempos favoritos cuando estoy allí es navegar hasta un lugar llamado Chatterbox Falls. Para llegar allí hay que atravesar un fiordo con acantilados que sobresalen del agua a miles de metros a ambos lados hasta que desaparecen detrás de unos inmensos glaciares blancos. También hay una montaña, un precioso monte llamado One Eye. Se ve a la izquierda cuando uno surca las aguas hasta Chatterbox.

A veces atravesamos el lugar y no me fijo demasiado; pero en otras ocasiones, me impresiona con un poder que me obliga a detener el barco y contemplarlo, sobrecogido. Para mí es una prueba de que Dios nos ama, nos busca y hace cosas para llamar nuestra atención, como el darme una mente que perciba la hermosura y, a continuación, enamorándome con la belleza de ese fiordo y de aquella montaña.

He visto montes cuyos picos se asemejan a la cabeza de un caballo y otros que parecen alas de águila extendidas en pleno vuelo. Sin embargo, para mí, cuando me detengo una vez más asombrado por las formas en que Dios nos ama y nos busca, y entrecierro un poco los ojos, One Eye se parece mucho a un tipo saliendo de un ascensor con una gigantesca tarjeta de San Valentín en las manos.

···

CAPÍTULO 8

EL PASTEL DE BODA

Solía pensar que ser creyente era suficiente,
pero ahora sé que Jesús quiere que participemos, sin importar la
condición en la que estemos.

Cuando nos casamos, no teníamos dinero. Yo acababa de salir de la facultad de derecho y era voluntario como líder de Young Life en una de las escuelas secundarias locales. Creo que después de vender mi oxidado Volkswagen, contábamos con tres dólares para gastar en cada invitado a la boda, quizás menos. No tuvimos muchas flores; las sustituimos por montones de globos y encontramos un proveedor de catering que se compadeció lo bastante de nosotros como para darnos algo de comida a un precio módico. No obstante, el pastel iba a ser un gran problema. La dulce María se había estado informando y el pastel iba a costar más de lo que teníamos para toda la boda. Entonces recordé que había un niño en Young Life cuyo padre tenía una panadería. Le pregunté qué pastel podríamos conseguir por unos $150 y respondió que nos haría uno de cuatro pisos. Eso serviría.

La boda se desarrolló como todas. Yo dije «sí, quiero», ella respondió «sí, quiero», y corrimos por el pasillo central. La recepción tuvo lugar en un ostentoso local que daba a un lago, en Fairbanks Ranch. Para poder vivir en Fairbanks Ranch creo que es necesario haber inventado la medicina, la energía o algo por el estilo. Yo era un joven abogado y mi jefe había comprado una casa en aquella zona. La compra venía acompañada del derecho a utilizar el club del lago dos veces al año —gratis. Mi jefe era un tipo generoso y reservó el local, y nosotros aparecimos con nuestras bolsas de globos, el catering y la ensalada de pasta. Como no podíamos permitirnos que se sirviese mucha comida, le pedimos al proveedor del catering que pusiera muchos adornos que, aunque no se pudieran comer, harían que aquello pareciera un gran banquete. Había grandes hogazas de pan e inmensas ruedas de queso, fuera del alcance, y que dominaban como montañas sobre nuestra ensalada de pasta.

Cuando llegamos a la recepción, vi que mi amigo de la escuela secundaria ya había llegado de la panadería con el pastel. Me llamó la atención que estuviera montando nuestra pastel de cuatro pisos en un carrito para equipo audiovisual en el estacionamiento. *¿Así es como se hace?*, me pregunté. Cuando detuvimos nuestro auto, él ya había colocado todas las columnas en su sitio y estaba montando el tercer piso de nuestro blanco rascacielos de pastel. Era impresionante verle en acción en el estacionamiento, como si estuviera reconstruyendo todo el centro de la ciudad. Lo tenía ya todo en su sitio excepto una grúa, andamios y conos de carretera.

Yo llevaba a mi flamante esposa hacia la entrada de la recepción mientras él ponía a los novios de decoración sobre el pináculo de su obra maestra. La feliz pareja de plástico dominaba sobre el estacionamiento mientras contemplaba todo lo que les pertenecía y que estaba por debajo de ellos. A ellos no se los comerían en la fiesta y se mantenían en pie, con la seguridad que les proporcionaba saberlo. Cuando mi amigo comenzó a hacer rodar aquella torre de pastel hacia el local, sobre el carrito para audiovisuales, el bamboleo de su rueda izquierda captó de algún modo su atención y le advirtió que aquello era una mala idea. Luego, como era de esperar, como si se estuviera sucediendo a cámara lenta, el carro chocó contra una pequeña piedra y se detuvo bruscamente, no así los pisos superiores del pastel. En una rápida sucesión, cada nivel de tarta cayó de sus columnas en dirección al suelo del aparcamiento. Tres «¡plafs!» después, la mayor parte de nuestro pastel de boda yacía en un montón sobre el asfalto. Todos nos quedamos perplejos, sin pronunciar palabra, callados y atónitos, contemplando el montón de pastel. Sobre él se encontraban los novios de adorno, silenciosos, con el aspecto de haber sido derrotados en una pelea de comida.

Los invitados estaban a punto de llegar en cualquier momento, y había que pensar en una solución rápida. Me llevé a un lado a mi horrorizado joven panadero, entre dos coches estacionados, y urdimos un plan. Recogió el pastel y volvió a saltar en su bien aprovechado *Subaru*. Treinta minutos después, regresó con una cubeta de pastel desmenuzado y otro recipiente aun más grande de glaseado recién elaborado en la panadería. En la habitación trasera, fue recomponiendo los pedazos de pastel con la ayuda del glaseado, le volvió a dar forma y —sí, me siento un poco avergonzado de confesarlo— lo servimos. Con grava, pequeños trozos de asfalto y todo.

Como aquel pastel, mi vida está llena de pequeñas piedras, trocitos de asfalto, relaciones rotas y sin reparar, y restos indeseados. Sin embargo, de alguna manera Dios permite que seamos servidos de todos modos. Jesús habló a los marginados sociales, mujeres de vida alegre, abogados como yo y religiosos, y dijo que no serían como tantos motivos decorativos o tratamientos de ventana, sino que los serviría también a ellos. Afirmó que esto era verdad, aunque estuviéramos llenos del tipo de grava que se va acumulando a lo largo de toda una vida y en bastantes estacionamientos.

A las únicas personas que declaró no poder servir eran aquellas que estuvieran llenas de sí mismas o que creyeran en la mentira que eran antes de conocerle.

Jesús pareció decir que solo necesitábamos reunir los trozos de nuestra vida caídos al suelo, llevarlos delante de él y él empezaría a utilizarlos. Jesús tampoco dijo que taparía con glaseado la gravilla de nuestras faltas y nuestros fracasos, sino que nos utilizaría a pesar de ellos. Lo único que debemos hacer es decidir salir de la playa de estacionamiento y entrar a la fiesta. Él declaró que, para ello, no basta con creer todo lo que es correcto. Jesús nos hizo saber que nos ayudaría a empezar a hacer lo correcto.

En un momento dado dejé de contemplar el montón de pastel roto sobre el asfalto que era mi vida y decidí echar toda la carne en el asador. Mi vida no se había roto en mil pedazos por culpa de una tragedia masiva, pero consistía en los mismos trozos desorganizados que si hubiera ocurrido algo semejante. Sencillamente decidí que no iba a permitir que las piedras residuales y los pequeños trocitos de gravilla interfirieran en que Dios me sirviera y me utilizara. Siempre me ha parecido que las cosas rotas, al igual que las personas rotas, se utilizan más. Esto se debe, probablemente, a que Dios tiene más piezas con las que puede trabajar.

Jesús también habló mucho sobre los abogados. En realidad nada de lo que dijo fue demasiado halagüeño. Por lo general, los ponía en el mismo saco que a los mentirosos y la gente que no decía la verdad. Afirmó que se interponían en el camino de la gente para que no conocieran a Dios, y esto es realmente malo. Manifestó lo mismo con respecto a los religiosos, a veces en la misma frase. Pero también habló del resto de las personas, y lo que les mencionó fue que todos podíamos ser usados, no solo cuando estamos rotos, sino especialmente *por* ello.

He intentado construir unas cuantas cosas en mi vida. Tomé lo que me parecían buenas ideas, las amontoné ordenadamente sobre columnas, las puse sobre mi carrito para equipo audiovisual, al que hice rodar. También tropecé con mi porción de piedras y estas se encargaron de lanzar por los aires partes de mis sueños. A pesar de todo, Jesús sigue escogiendo a gente rota y estrellada contra el suelo, no solo como seguidores sino como participantes. Definió como sus manos a personas como yo, que ni siquiera saben dilucidar por qué extremo abrir una bolsa de plástico; como sus pies, a gente que viaja todos los días; y como quienes edificarán un reino a aquellos que ni siquiera tienen idea de apretar un tornillo o apilar un pastel. Entonces, si estamos dispuestos, nos sirve... con nuestras piedrecitas, pequeños trozos de asfalto y todo lo demás.

CAPÍTULO 9

....

SOLO DI QUE SÍ

Solía pensar que uno tenía que ser especial para que Dios lo usara,
pero ahora sé que solo se necesita decir que sí.

Me encanta gastarles bromas a mis amigos. Doug cometió el gran
error de contarme dónde iba a celebrar su décimo aniversario
de boda. Había alquilado una suite en el último piso de un
hotel de lujo e iba a sorprender a su esposa con una noche de estancia
en ella. Era demasiado tentador para que *no* le gastara una broma.

Unos días después, la dulce María y yo fuimos a aquel hotel
y nos registramos como si fuéramos Doug y su esposa. Me dirigí
al recepcionista y, con gran seguridad, le dije que era Doug y que
quería saber si nuestra habitación estaba preparada. La habitación
se había pagado por adelantado, por lo que me entregaron la llave
y me preguntaron si había alguna cosa que pudieran hacer por
mí. Les respondí que, efectivamente, lo había y que pronto les llamaría desde la habitación... tenía toda una lista de ellas. La dulce
María y yo nos deslizamos en el ascensor que nos subió vertigino-
samente a la planta más alta del hotel, hasta una inmensa puerta
de dos hojas. Cada uno de nosotros agarró un pomo y los giramos
al mismo tiempo. Nos acogió una espléndida habitación, de esas

que un decorador de interiores profesional diseña de arriba abajo. En el extremo más alejado había una pared de ventanales con una impresionante vista de la ciudad a un lado y la bahía al otro. Era una vista espectacular y la habitación era enorme. Creo que debía tener su propio código postal.

Levanté el teléfono que estaba directamente conectado con el mostrador principal y pedimos servicio de habitación. Como primer plato pedimos langosta. Para cenar: verduras ligeramente salteadas sobre un lecho de arroz y salmón. De postre: en realidad no estoy muy seguro de lo que era, pero el camarero lo flambeó en la mesa auxiliar. Estaba tan delicioso que repetimos. Pusimos una hermosa música y bailamos. Nos reímos. Pedimos que nos subieran helado... solo porque podíamos. Tras deleitarnos con las vistas panorámicas y una vez retirados los últimos platos, le firmamos la nota al camarero en la que incluimos una buena propina, ordenamos la habitación y nos fuimos.

Cuando Doug y su esposa se registraron en el hotel varias horas más tarde, un botones algo confuso pero complaciente los condujo a su espléndida habitación. *¿No se habían registrado ya antes?* Qué noche tan fantástica pasaron, según me contaron. Al día siguiente, cuando Doug fue a pagar antes de dejar el hotel, el conserje deslizó la factura sobre el mostrador. A Doug se le iban a salir los ojos de las orbitas cuando vio una factura del servicio de habitaciones que ascendía a cuatrocientos dólares.

A la mañana siguiente, desde nuestra casa me imaginaba una y otra vez cuál habría sido su fútil protesta, mientras sonreía: «¡Eh, un momento! ¡Yo no pedí ningún servicio de habitación! ¡No repetimos! ¿Helados *extra*? ¡Jamás dejaría una propina tan elevada!

Luego, seguramente caería en cuenta de que le había gastado una broma, mientras gruñiría en voz baja: *¡Bob!*

Doug ha intentado cobrármela durante años. Pero no puede, porque yo soy abogado. Uno no ingresa y pasa por la facultad de derecho del modo en que yo lo hice sin aprender a ser astuto en la calle.

No obstante, unos años más tarde recibí una llamada telefónica de un tipo que se presentó, con un fuerte acento, como embajador de Uganda. Inmediatamente pensé: *Sí, sí, muy bien, y usted tiene el teléfono de mi casa, ¿verdad?* Sabía que tenía que ser cosa de Doug o de alguien a quien le había encargado la tarea. Escuché intensamente mientras hablaba la persona que había llamado y le seguí el juego.

«Muy bien, Bob. Estoy al tanto de lo que ha estado haciendo en Uganda durante los últimos años, con los niños encarcelados y con la judicatura. Estoy muy contento y quiero darle las gracias en nombre del presidente. De hecho, estoy tan complacido que me gustaría saber si consideraría una propuesta». No podía esperar para ver qué había preparado Doug.

«Quiero saber si le gustaría ser el abogado consultor de la República de Uganda».

¿Abogado consultor?, pensé. *¿Uganda necesita un abogado? ¿Por qué? ¿Acaso les debe alguien dinero? ¿Y, en cualquier caso, por qué querrían que fuera su asesor legal?*

No importaba. No era más que el débil intento de Doug para cobrarse el incidente del hotel. Tapé el teléfono con la mano y le susurré a la dulce María: «Es Doug. Me está gastando una broma. Y te voy a decir aun más dentro de un segundo, pero estás a punto de oírme decir que sí un montón de veces, ¿de acuerdo?».

Mis labios pronunciaron un sí detrás de otro, y la conversación acabó con Doug o su sicario diciendo que estaba a punto de salir para Uganda y que me volvería a llamar a su regreso, en un par de meses.

«Sí, claro —respondí—. Que tenga un buen viaje. Ha sido fantástico hablar con usted. Salude a todos de mi parte».

Durante los dos meses siguientes estuve sumamente ocupado y pasaron como un suspiro. No había pensado demasiado en la llamada de Doug e imaginé que su broma había seguido su curso. Entonces sonó el teléfono.

La persona que llamaba se volvió a presentar como el embajador de Uganda. Por su fuerte acento, que coincidía exactamente con la voz de la primera llamada, me anunció: «Bob, solo dispongo de unos pocos minutos. Quiero que sepa que tiene que reunirse conmigo en Nueva York, el sábado». Recordé haber dicho que asentiría a cualquier cosa que me pidiera por descabellada que resultara.

«¿Nueva York? Sí, sí, puede estar seguro de que iré». Sentía una gran sangre fría y añadí: «Esperaba que me lo pidiera. ¡Allí nos veremos!». La persona de fuerte acento me dio la dirección de uno de los mejores hoteles de Manhattan.

Con toda seguridad iba a correr una aventura. Pero dejarlo todo y saltar a un avión para que mi amigo sintiera que estábamos en paz... era mucho conceder, hasta para mí. Pero un sí es un sí, de modo que allá fui.

Cuando bajé del avión en el Aeropuerto Kennedy, unos días después, y me dirigí al hotel en el centro de la ciudad, iba pensando: *Es posible que se la pegara a Doug con una cena a base de langosta por valor de cuatrocientos dólares, pero me la va a devolver y algo más. Mírame. Acabo de cruzar el país en avión hasta Nueva York para poder ser, supuestamente, abogado de Uganda.* Sacudí la cabeza y me reí en silencio mientras el taxista me llevaba a la ciudad. Al llegar al hotel y una vez bajé del taxi, esperaba recoger una nota de Doug en el vestíbulo que dijera: «Has recorrido todo este camino. Adelante y consigue la langosta... ¡invito yo!». Mientras pululaba por la recepción del hotel vi detenerse un cortejo con pequeñas banderas ugandesas ondeando sobre los faros. A continuación, varios miembros del gobierno ugandés se adentraron en la recepción. En ningún momento consideré que aquello pudiera ser verdad, de modo que me sentí desconcertado. Dudé incluso en identificarme y pensé que podría escabullirme y volver al aeropuerto sin que nadie se diera cuenta.

El embajador Kamuninwire vino dando brincos:

—Soy el embajador Kamuninwire.

—¡Desde luego que lo es! —le respondí abrazándolo.

Era un hombre jovial, brillante y afable que parecía tener casi sesenta años. Tenía un fuerte, aunque maravilloso, acento británico como la mayoría de los ugandeses. No es el tipo de persona que camina: él galopa. Tenía la arrogancia de un mariscal de campo de la escuela secundaria y la sonrisa de un pastor. Es la clase de individuo que a uno le parece, de inmediato, conocer desde largo tiempo.

El embajador reunió a su alrededor a los dignatarios de Uganda y, con un brazo alrededor de mis hombros, me presentó:

—Este es nuestro nuevo cónsul para la República de Uganda.

—¿Cónsul? —pregunté riéndome de buena gana—. Usted me dijo que quería que fuera «abogado consultor», ya sabe, un abogado, ¿no es así?

El embajador no se amilanó. Soltó otra de sus joviales carcajadas.

—No, Bob. ¡Te dije cónsul, no abogado consultor! Queremos que seas un diplomático que represente a la República de Uganda en Estados Unidos —y añadió—: He hecho preparar todo el papeleo. Lo único que necesito son dos fotografías para el pasaporte y lo someteré al parlamento de Uganda para su aprobación.

Cumplí lo que le había dicho a la dulce María que haría cada vez que me pidiera algo. Dije que sí.

Transcurrieron cuatro meses sin más noticias; pero, entonces, me llegó la noticia de que el parlamento de la República de Uganda había aprobado el nombramiento. Poco después recibí una llamada de alguien con voz seria, de esos que no aprueban los tejemanejes y visten traje azul oscuro. Era el Departamento del Estado que me informaba de la verificación pertinente que el FBI había realizado de los antecedentes de mi expediente. «¿Tengo un expediente? ¿No es genial?». Al parecer, debían haber pasado por alto todas mis fechorías y el Departamento de Estado había dado el visto bueno a mi designación como cónsul para la República de Uganda en Estados Unidos. Mis credenciales diplomáticas se emitieron en unas semanas, y mi familia y yo hicimos planes para la gran ceremonia.

Fue entonces cuando alguien me habló de los beneficios que tenían los diplomáticos. En primer lugar, me darían unas maravillosas placas de matrículas que me permitirían estacionarme literalmente en cualquier lugar. Sobre la acera, en la hierba, en segunda fila en Fenway Park, en tu garaje, en todas partes. En segundo lugar, me entregaban un juego de banderas de Uganda para colocarlas en mi auto. Me imaginaba las matrículas diplomática y un par de banderas ugandesas en mis viajes. ¡Adorable! Final y definitivamente, la parte más fantástica es que el Departamento de Estado te proporciona inmunidad diplomática. No estaba demasiado seguro de lo que esto significaba, de modo que fui preguntando a mi alrededor si podía matar a alguien; no a una persona importante, claro está, sino alguien normalito... como Doug. Jamás me respondieron a esta pregunta, por lo que opero bajo la suposición de que puedo hacerlo.

Pienso que Dios utiliza a veces unos acontecimientos completamente inexplicables de nuestra vida para orientarnos en su dirección. Debemos decidir cada vez si queremos dejarnos llevar por lo que se está desarrollando y decir sí, o retroceder. La gente que seguía a Jesús en Galilea tuvo que decidir esto mismo cada día, porque no había mapa de carretera ni programa, ni seguridad. Lo único que tenían era a aquella persona, una idea y una invitación a ir y ver.

Me gusta el pasaje de las Escrituras donde Dios elige a Moisés para que lidere. Este protesta diciendo que nadie le va a seguir. Dios le indica que haga tres milagros para establecer la confianza en su audiencia, pero él vuelve a buscar excusas, aduce que tartamudea y que no puede hablar, y le pide a Dios que por favor busque a otro. Cuando vuelve a protestar, Dios se enoja un poco y le da instrucciones para que lleve a Aarón consigo. No creo que fuera porque lo necesitara, sino porque Moisés se equivocaba al pensar que tenía que ser alguien importante para poder participar en lo que Dios iba a hacer.

Lo puedo comprender. Soy el tipo que se registró en un hotel bajo el nombre de su amigo para gastar un puñado de su dinero en el servicio de habitaciones. También soy el individuo que pensó que le habían gastado una broma. Soy la persona que creyó que le habían pedido ser abogado, cuando en realidad se trataba de ser diplomático. Y soy el hombre que está pegando banderas de Uganda en su auto. *¿Soy, acaso, el tipo adecuado?* No lo sé, pero es a mí a quien se le ha pedido y lo último que quiero hacer es perder una oportunidad o airar a Dios, de modo que sigo diciendo «sí». Tal vez Dios esté haciendo cosas inexplicables en tu vida. Cada uno de nosotros ha de decidir cada vez si se deja llevar o si retrocede: decir sí, ignorarlo o preguntarle a Dios por qué escoge a la persona equivocada.

En la Biblia hay una bella historia sobre un hombre llamado José, que un amigo mío llamado Don cuenta sin cesar. Dicho relato tiene más giros que una carretera de montaña en Colorado. Es una montaña rusa emocional, pero al final, José acaba ocupando el segundo escalafón de Egipto. Al final del libro, José repite dos veces que Dios le puso donde lo hizo para que salvara muchas vidas. Y lo mismo resulta válido para Jonás y Pedro, todos los apóstoles y Jesús. Y, lo que es más, también para nosotros. Todos estábamos destinados a salvar muchas vidas. Dios siempre intenta rescatar vidas y parece que, por lo general, se sirve de las personas menos verosímiles para ello.

De modo que la próxima vez que Dios te pida que hagas algo completamente inexplicable, algo que te parezca una broma porque requiera una decisión o una valentía por encima de tus posibilidades, algo que incluso pueda salvar vidas, di que sí. Nunca se sabe... tal vez haya algunas banderas fantásticas para ti.

CAPÍTULO 10

··

LAS ENTREVISTAS

Solía pensar que tenía que ser alguien importante para lograr cosas,
pero ahora sé que Jesús utiliza más a las personas corrientes.

uando nuestros hijos crecían, no teníamos televisión en casa, ni por cable ni por antena. Si algo malo ocurría en el mundo, quería que ellos se enteraran por mí. Ya fueran noticias de que el presidente tenía una novia, o que un avión se hubiera estrellado contra un edificio, pensé que debían saberlo a través de sus padres. El 11 de septiembre del 2011 por la mañana, regresé a casa a toda prisa, antes de que salieran de la escuela y los reuní alrededor de la mesa del comedor para explicarles lo que había sucedido. Como todo el mundo, luchamos para encontrar las palabras con las que describir a nuestros hijos por qué sucedía algo así. Les hablamos de la presencia del diablo y del bien y cómo este vence en última instancia. Resultaba difícil sentirlo, sin embargo, mientras pronunciaba las palabras.

Después de hablar durante un rato, les hice esta pregunta: «Si les concedieran cinco minutos delante de un grupo de líderes mundiales, qué les pedirían que pudiera dar sentido a la vida, la fe, la esperanza y los acontecimientos que se desarrollan a su alrededor?».

Admito que fue un acto de padre ingenuo o torpe, pero les hice escribir su pregunta en un trozo de papel.

A Adam, que por entonces tenía siete años, le encantaba que viniera gente a casa. No me sorprendió cuando contestó que preguntaría a los líderes mundiales si querrían venir a nuestra casa. Cuando uno tiene siete años, no hay nada como hacer que alguien venga a jugar contigo para conocerlo mejor. Quizás él pensara que, invitándoles a casa, se facilitaría un mejor entendimiento entre cada uno de esos líderes y que llegarían a convertirse en buenos amigos. Le respondí que su idea me parecía extraordinaria, y él la escribió en un papel.

Richard fue el siguiente. Dijo que les preguntaría qué esperaban. La idea consistía en que si los líderes mundiales sabían cuál era la esperanza de los demás, quizás pudieran empezar a tener las mismas expectativas. Rich razonó que el problema radicaba en que ninguno sabía lo que los demás esperaban en silencio. Su idea parecía magnífica, y también la escribió.

Lindsey fue la última y había escuchado las ideas de sus hermanos. Siendo la mayor, era la más precoz y ya había escrito su idea. La leyó en voz alta. Si los líderes no venían de visita a nuestra casa, ¿por qué no iban ella y sus hermanos a sus casas y les preguntaban cuáles eran sus expectativas? Mejor aun, había escrito, los tres debían realizar una entrevista en video con los líderes para que pudieran compartirla con todos los demás. De esta forma cada uno de ellos sabría lo que los demás esperaban y, quizás, descubrirían que compartían las mismas esperanzas. Me asombró la fantástica imaginación de aquellos niños. Ni siquiera consideraban que lo que pedían era algo absurdo o ingenuo, ni que tuvieran que ser famosos o poderosos para poder formular sus preguntas. Quizás los líderes prefirieran a unos cuantos niños inocentes que les hicieran preguntas inocentes.

Les pedí que reunieran sus ideas en una carta. A continuación, descargamos los nombres de cada presidente, primer ministro o dictador de todos los países del mundo de la página web de la CIA (Agencia Central de Inteligencia de Estados Unidos, por sus siglas en inglés). Nos sentíamos como si estuviéramos haciendo piratería informática al NORAD (Comando de Defensa Aeroespacial de Norte América, por sus siglas en inglés). *Chévere*. Toda la información se encontraba allí; solo necesitábamos hallar las direcciones. Los chicos decidieron que no querían escribir a un par de líderes, sino a *todos* ellos. *¡Caramba! ¿Por qué no darles a todos ellos la oportunidad de conocer a estos extraordinarios niños?*, pensé.

Luego alquilamos un apartado postal en la estación de correos, sobre todo porque no queríamos que Ahmadineyad supiera dónde vivíamos. María y yo hicimos un trato con los muchachos. Les dijimos que nosotros enviaríamos todas las cartas y que si recibíamos una sola respuesta afirmativa de alguno de los líderes mundiales a su petición de reunión, ¡los llevaríamos!

Pusimos todas las cartas en el correo. Montones de ellas. Cientos y cientos. Esperamos una o dos semanas y, a continuación, cada día, después de la escuela, comprobábamos el apartado de correos de los niños para ver si había alguna carta. Pasó mucho tiempo antes de que las respuestas comenzaran a llegar. Al principio todo fue muy lento; se recibieron una o dos al día. Pero pronto empezaron a fluir a diario, de todos los lugares de la tierra. Conseguimos un globo terráqueo y pinchamos un alfiler en cada país cuyo líder había respondido. No pasó mucho tiempo antes de que nuestra pequeña tierra estuviera salpicada de centenares de ellos y pareciera estar recibiendo un severo tratamiento de acupuntura.

Una gran número de las cartas que los chicos recibieron decían que muchas gracias, pero que no. Sin embargo, estaban redactadas con tanta elocuencia que, aun así, los niños se sintieron muy bien. (Las oficinas de admisión de las facultades de derecho podrían aprender un par de lecciones de estos muchachos.) Tony Blair, por ejemplo, primer ministro de Inglaterra en esa época, escribió de su puño y letra algo a ese efecto: «Estupenda idea la de reunirse». Aun así declinó la oferta, aunque fue genial saber que, al menos, le pareció una buena idea. Ninguno de nosotros sabía con exactitud lo que significaba *estupenda*, pero los niños imaginaron que debía ser una forma amable de decir que no. Desde entonces, cuando les pedía que hicieran sus deberes o que fregaran los platos, me contestaban: «¡Estupendo!».

Era un martes como cualquier otro día. Después de la escuela, los chicos y yo pasamos por la oficina de correos para recoger su correspondencia. Salieron saltando como siempre lo habían hecho, con un fajo de cartas sujeto por una enorme banda elástica. Saltaron al interior del auto y se repartieron las cartas entre ellos en el asiento trasero. Había varios rechazos adicionales, pero también una carta de la Cámara Estatal de Bulgaria. La abrieron juntos y empezaron a leerla. Entonces, desde algún lugar del asiento trasero, llegaron las palabras que lo cambiaron todo.

«Estamos invitados para reunirnos en el palacio», rugieron los niños al unísono.

«¡Desde luego que sí», respondí.

Un par de días después llegó un sobre del primer ministro de Suiza, invitándolos a Berna. Después, una carta del presidente de Israel, proponiéndoles ir a Jerusalén. En el transcurso de las siguientes semanas no solo consiguieron un sí... sino *veintinueve*. María y yo no sabíamos qué hacer, de modo que hicimos lo mejor que se nos ocurrió. Iniciamos un programa de formación familiar para refinar nuestros modales. Una de las respuestas afirmativas provenía de un príncipe de verdad, por lo que también enseñamos a nuestros hijos a inclinarse y hacer la reverencia.

María y yo teníamos una promesa que cumplirles a los niños. Por tanto, dijimos a la escuela que se iban a ausentar debido a un gran acontecimiento. Algunos de sus maestros se enfadaron cuando les informamos sobre el tiempo que estaríamos fuera, y uno de ellos me escribió una carta al respecto. La abrí, y escribí: «¡Injusto!» sobre ella, la envié de vuelta y nos marchamos.

Si los líderes tuvieran que hablar con gente adulta como yo, nos comentarían cosas aburridas como el aumento de empleo, el producto interior bruto, mejores escuelas y más carreteras. Ya sabes, el tipo de cosas elaboradas para el consumo público. Pero no era conmigo con quien tenían que vérselas, sino con nuestros hijos. La dulce María y yo no éramos más que los encargados de llevar las cámaras.

Lo que sucedía la mayoría de las veces era que los niños empezaban en un salón de recepciones oficiales y mantenían una reunión formal con el líder. Pero, entonces, los dirigentes se daban cuenta de que no eran más que niños sin otro programa que ser amigos, y nos invitaban de nuevo a sus oficinas privadas donde hablaban como simples amigos. Los chicos les hacían preguntas sobre sus familias, cómo se metieron en el servicio público y cuáles eran sus esperanzas para el futuro. Los gobernantes, a su vez, les hablaban de sus hijos y nietos, lo que hacían a la edad de nuestros hijos y los sueños de amistad entre las personas de nuestros dos países.

En uno de los países, los muchachos fueron recibidos del otro lado de los antiguos cuarteles generales del partido comunista, y fueron escoltados a un lugar donde había guardias que llevaban pistoleras con algunas pistolas de verdad sobresaliendo de su abrigo. Las puertas se abrieron para dar entrada a un salón de recepciones con docenas de sillas alrededor de una inmensa mesa que debía medir unos cuatro metros y medios de largo. Allí había un intérprete que saludó a los niños calurosamente y, tras un breve tiempo, oímos unos pasos firmes que bajaban por el vestíbulo, anunciando la llegada del líder.

Un hombre corpulento, de expresión grave, entró en la sala, se dirigió a nosotros bordeando la mesa y se sentó. Miró fijamente a los niños y dijo en ruso: «Chicos, estoy más nervioso de reunirme con ustedes que si tuviera que verme con el presidente Bush ahora mismo». Hubo una larga pausa mientras el traductor acababa la frase en inglés.

«Y, cuando me pongo nervioso —gruñó con su fuerte acento e hizo una pausa— ¡me entra hambre!».

Con estas palabras, su conducta se transformó por completo. Dio unas palmadas y los sirvientes de palacio entraron en tropel en la sala portando bandejas de comida de niños, de esa que uno comería en una fiesta de pijamas. El extremo de la mesa en el que estábamos sentados se cubrió enseguida de tartas de fresa, pasteles que apenas se podían ver por la cantidad de glaseado y cerezas, delicias desconocidas empapadas de nata montada y montañas de helado. El líder se recostó en su silla, sonrió y observó el resplandor de entusiasmo en el rostro de los chicos. «¡Coman!», gritó mientras alzaba sus brazos para presentar aquel banquete digno de reyes infantiles.

Los muchachos intentaron practicar sus modales, pero se tuvieron que dejar llevar de forma apropiada por la enormidad de lo que tenían delante. Cuando terminaron —y tengo que decir con sinceridad que había tanta comida que ni siquiera se notaba que habían comido—: tenían el rostro completamente embadurnado de azúcar y felicidad. Pero recobraron la compostura, se limpiaron la cara con las servilletas, que no eran de usar y tirar, y se centraron en el asunto que se traían entre manos.

Sin embargo, antes de que pudieran lanzarse a las preguntas, el líder se inclinó hacia los niños y miró furtivamente a un lado y otro como si quisiera contarles un secreto. En un susurro les comentó: «¿Saben? Cuando yo tenía su edad, mi padre fingía olvidar su sombrero en los bosques y me enviaba a buscarlo. No le cuenten esto a mis soldados, pero me daba mucho miedo de que los osos pudieran atraparme, de modo que silbaba así...». Empezó a silbar una canción para los niños e hizo que se unieran a él. Luego, con la mirada de un amigo sincero y un fuerte acento ruso, se dirigió a ellos: «Les prometo una cosa. Jamás dejaré que los osos los agarren».

Y, con este preámbulo, compartió sus pensamientos empapados de sinceridad sobre cómo un amigo siempre sabe lo que uno necesita, aun antes de pedirlo. Concluyó su charla con estas palabras que siguen resultando verdaderas para nuestra familia.

«¿Saben ustedes qué es lo que convierte a una persona en un amigo? Un amigo no solo dice cosas, sino que las *hace*».

····◈·····

Al final de cada entrevista, los niños agradecían al líder que se hubiera tomado el tiempo de reunirse con ellos y le entregaban una pequeña cajita roja. Cada líder desenvolvía cuidadosamente su regalo, alzaban la tapa y tomaban en su mano la llave de la puerta principal de nuestra casa. Los chicos les decían que habían hablado en serio al decir que vinieran a nuestro hogar y les invitaban a traer su llave cuando lo hicieran... ya saben, ahora ya eran amigos.

Al príncipe le encantó su llave, y prometió que le daría buen uso e invitó a sus nuevos y jóvenes amigos a cenar a su casa. Esta amable invitación ocurrió con frecuencia porque, aun cuando las reuniones formales acababan, la amistad creaba toda una nueva economía. Cuando las personas toman conciencia de que no hay más programa que la amistad y un mejor entendimiento, las cosas cambian. Los líderes se dieron cuenta de que no estábamos allí para decirles que dejaran de hacer esto, que empezaran a hacer aquello ni para hablar de controversias, o creencias y planes polémicos.

Quiero vivir en una nueva normalidad donde pueda llegar a personas que sean distintas a mí y solo ser amigos. Recuerdo haber oído en la escuela elemental que podíamos tener una amistad por correspondencia con alguien de muy lejos. Aquello era extraordinario y todo lo que uno quiera, pero existe una gran diferencia entre ser amigos por correspondencia y ser amigos de verdad. Para poder tener impacto, uno debe ir al lugar y empezar la amistad. Los amigos *hacen*... no solo piensan en ello.

Cuando los chicos regresaron de uno de los viajes leyeron que Tun Mathathir, primer ministro de Malasia y el líder más veterano de Asia, había auspiciado la Conferencia Islámica Mundial. Atrajo críticas significativas por parte de la comunidad internacional por haber pronunciado las palabras «Muerte a Estados Unidos, muerte a Israel» en su discurso de apertura. Nuestro Departamento de Estado condenó los comentarios, pero los muchachos tuvieron una idea mejor. Acababan de reunirse con el presidente de Israel y querían compartir sus esperanzas con Tun Mathathir en otra reunión personal. Enviaron una carta y, a la semana siguiente, el personal de este telegrafió de vuelta diciendo que se reuniría con ellos fuera de Kuala Lumpur el miércoles siguiente. Era un plazo muy breve para poder volar alrededor del mundo, pero, pensamos, ¡qué rayos! ¡Vendimos la camioneta y nos fuimos! Y es que así rueda el amor: hace.

Algo ocurre cuando te comprometes, ¿no es así? Lo cambia todo. Y las amistades que los niños hicieron en aquellos días, siguen hasta esta fecha y se han extendido de forma extraordinaria. ¿Por qué? Porque eran auténticas, sin ángulos, sin otro plan particular más que ser amigos. Tampoco había un programa; nada del otro lado del signo de igualdad para equilibrar... solo nosotros. Y todo era una extravagancia, pero con una estrategia por parte de los niños que superaba en sabiduría la edad que tenían.

Jamás podrás imaginar lo que ocurrió un poco más tarde. Lindsey abrió su correo electrónico y encontró una breve nota del líder de uno de los países. No decía demasiado, solo esto: «Querida Lindsey, les echamos de menos a ti y a tus hermanos. ¿Podríamos utilizar nuestra llave y quedarnos una noche en su casa?».

Y así lo hicieron.

CAPÍTULO 11

....

HAY MÁS SITIO

Solía pensar que necesitaba una invitación para poder entrar en
   la mayoría de los sitios,
pero ahora sé que ya estoy invitado.

M i amigo Brandon y yo nos encontrábamos en Washington, DC, ocupándonos de varios asuntos. Una noche, estábamos cerca del Capitolio y era bastante tarde... casi medianoche. Notamos que había un grupo de automóviles torpemente estacionados alrededor de la Biblioteca del Congreso. ¿Tú investigarías, verdad? Pues nosotros también. Al acercarnos, vimos un cartel discretamente colocado sobre el tablero de uno de ellos. Decía: «National Treasure 2 [La búsqueda 2]».

No tardamos en entender lo que ocurría, y, casi al unísono, nos miramos el uno al otro y gritamos: «¡No puede ser! Están filmando *La búsqueda 2* dentro de la Biblioteca del Congreso *en estos momentos*». En ese momento y en aquel mismo lugar supimos que nuestros planes para la velada habían cambiado: nos colaríamos en el plató.

Corrimos al lugar donde nos quedábamos, nos cambiamos los trajes por unos vaqueros y camisetas, para que pareciera que formábamos parte del equipo de la película y regresamos a toda prisa a la biblioteca. Tuvimos que esquivar a un par de guardias de seguridad, cruzar a toda prisa dos áreas de césped y cortar entre unos arbustos, pero, unos minutos después, estábamos en la zona donde estaban desempacando todos los cables eléctricos y el equipo de cámaras. Había una entrada lateral solo para el equipo, así que interpretamos nuestro papel y nos dirigimos hacia la puerta como si tuviéramos que estar allí. Nadie se fijó en nosotros. La gente pasaba por la izquierda, por la derecha, pero nadie sospechó nada. Nosotros seguimos fingiendo como si formáramos parte de todo aquello y nos fuimos adentrando cada vez más en el interior de la biblioteca. Al final de cada pasillo había una pequeña hoja de papel pegada en la pared con una flecha y la palabra «plató» escrita en ella. Nos empezó a preocupar que resultara tan fácil.

Dimos vuelta en una esquina y nos encontramos de inmediato con un detector de metal y un guardia. El incremento de adrenalina que sentí me avisó que nos habían pillado; esta travesura iba a acabar mal, estaba seguro, y sabía que tendríamos un montón de problemas por estar en la Biblioteca del Congreso a medianoche.

«¿Dónde están sus identificaciones de equipo de rodaje?», ladró el guarda de seguridad, mientras hablaba con su novia desde su teléfono móvil.

«No las tenemos», le respondí en un tono un tanto patético.

Le murmuró algo a su novia acerca de los tipos como nosotros, del equipo de rodaje y sacudió la cabeza. Irritado, nos indicó que pasáramos por el detector. Lo atravesamos y corrimos por el pasillo mientras que el guardia gritaba algo sobre «las identificaciones... la próxima vez».

Giramos en la última esquina y entramos al plató. Estábamos allí parados, en la Biblioteca del Congreso, y eran las dos de la madrugada. El edificio es enorme, decorado y contiene cientos de miles de libros. Millones de ellos. Se supone que todos están allí. Me pregunté de dónde sacaban el tiempo los miembros del Congreso para leer todo aquello.

Reinaba un silencio lúgubre bajo la magnífica cúpula. Y hacía *calor*. Los focos de rodaje estaban encendidos y, como después de aquello vi la película, creo que estaban filmando la escena en la que los actores están buscando el *libro presidencial de los secretos*. Es una escena realmente genial. Habríamos podido alimentar las luces con nuestra energía nerviosa. Sobre todo por la cantidad de policía del Capitolio y de guardias de seguridad que rodeaban el plató. Una cosa es meterse en el plató como quien sabe lo que hace, pero, una vez allí, todo el mundo tiene un cometido y parece ocupado. Tampoco podíamos agarrar una cámara y empezar a rodar. De modo que, tras un breve instante, una vez supimos que teníamos un historia extraordinaria que contar al día siguiente, comenzamos a susurrarnos el uno al otro: «¿Cómo vamos a salir de aquí sin que nos pillen?». Ahora era cuando debía dar paso a la intensa banda sonora.

Justo cuando Brandon y yo estábamos a punto de darnos la vuelta para salir, Nicolas Cage dobló la esquina, vestido de esmoquin, junto con Diane Kruger, la actriz principal, que llevaba un vestido largo. Nos apartamos mientras pasaban y, sin pronunciar palabra, los seguimos como si perteneciéramos a su séquito. No estoy bromeando. Dejamos atrás a los actores de reparto, el equipo de rodaje, los guardias de seguridad y a la policía de Capitol Hill. Nadie nos hizo una sola pregunta. Seguimos a los actores hasta traspasar la puerta y, cuando ellos giraron a la derecha para dirigirse a sus remolques con estrellas pintadas, nosotros lo hicimos hacia la izquierda y nos metimos entre unos arbustos con hojas.

◦◦◦◦●◦◦◦◦

Mi breve actuación especial en el plató de *La búsqueda 2* no fue la primera ocasión en que fui a Washington. La familia Goff ha ido muchas veces a la Casa Blanca. No de forma oficial ni nada que se le parezca, sino para visitar, admirar las hermosas pinturas y ver a tipos con pistolas bajo su chaqueta que hablan dentro de sus mangas. Nuestras visitas siempre parecían tener lugar alrededor de la Pascua, porque celebraban esa ostentosa búsqueda de huevos en el césped. Jamás fuimos invitados a ese evento, pero la dulce María y yo tuvimos una idea divertida para los niños. Apareceríamos la mañana de Pascua y esconderíamos huevos a lo largo de la valla de metal negra que separaba a los de «dentro» del resto de nosotros. Nos vestiríamos bien y todo lo necesario para fingir que éramos parte de la distinguida reunión. Siempre sentí la tentación de hacer rodar uno de nuestros huevos bajo la valla para que los tipos trajeados, con auriculares nos abordaran y luego hablaran dentro de sus mangas.

Nuestra pequeña tira de hierba en la acera de Pennsylvania Avenue era modesta en comparación con Rose Garden, hermosamente cuidado. Con una zona tan pequeña en la que poder trabajar, nuestros huevos resultaban superfáciles de detectar. Los niños eran lo suficientemente pequeños como para no notar la falta de escondites. Imagino que creían sencillamente ser realmente buenos encontrado huevos de Pascua. Siempre he querido que mis hijos supieran que se les incluía en las cosas importantes, que pertenecían a ese lugar y que estaban invitados.

Sin embargo, en la vida hay un montón de cosas a las que no nos invitan ni a ti ni a mí. Jamás he recibido una invitación para los Oscars ni para la fiesta de cumpleaños de Paul McCartney, ni para el lanzamiento de un transbordador espacial. Estoy esperando que me inviten a *La búsqueda 3*. Si recibiera una invitación a cualquiera de estas cosas, o, lo que es lo mismo, a la verdadera búsqueda de huevos de Pascua de la Casa Blanca, desde luego que asistiría. No hay nada como sentirse incluido.

Solo hay una invitación que me mataría rechazar, aunque siempre me siento tentado a hacerlo. Cada mañana, al despertarme, se me invita a vivir de verdad. Una vida de completo compromiso, una vida de aventura, una vida en la que el amor hace. No me llega en un sobre. La anuncia la salida del sol, el sonido de un pájaro, o el olor del café que me llega perezosamente desde la cocina. Es una invitación a la verdadera vida, a participar plenamente de esta asombrosa vida un día más. Nadie rechaza una invitación a la Casa Blanca; sin embargo, he visto a muchísima gente declinar la invitación a vivir de una forma plena.

Rehusar esta invitación es algo que viene en distintos sabores. Es como entumecerse, distraerse o considerar que algo realmente bello es simplemente normal. También puede tener el aspecto de negarse a perdonar, de no ser agradecido, o quedar enredado en el eje por temor o envidia. Pienso que Dios nos envía una invitación cada día para que vivamos y, a veces, nos olvidamos de asistir o tenemos la falsa idea de que, en realidad, no hemos sido invitados. Pero, déjame decirte que sí nos han invitado... cada día, una y otra vez.

No cabe duda que Jesús nos invita a tener algunas experiencias geniales en nuestra vida, y, lo que es más, en la vida después de la muerte. Jesús cuenta una historia en la Biblia sobre un tipo rico que celebró un banquete. Invitó a un montón de personas, pero la mayoría de ellos buscaron excusas y no asistieron, de modo que él envió a sus criados para que invitaran a otra gente. Sin embargo, esta vez su invitación fue para los poco probables, para aquellos a los que no se invitaba normalmente a ninguna parte, gente como yo. El mensaje que tenía para este nuevo grupo de personas era sencillo: «Hay más sitio». Eso era todo. No era un profundo tratado teológico. A pesar de ello, es exactamente de lo que se trataba, de algo profundo y teológico. En mi opinión la vida es como aquel banquete del que Jesús habló. Creo que Dios envía a sus mensajeros para decirle a todo el mundo que hay mucho sitio y comida gratis, conversación, aventura y un anfitrión maravilloso y generoso que nos ha invitado por nuestro nombre.

Es como si la gente invitada a la búsqueda de huevos de Pascua en la Casa Blanca no se molestara en acudir, y el presidente enviara a los tipos trajeados a ver si otros querrían venir. Quizás gente como nosotros que estábamos exactamente del otro lado de la valla. Los siervos vienen hasta cada uno de nosotros, se acercan y nos susurran al oído: «Hay más sitio». Eso es todo. No es necesario decir nada más. No existen palabras mágicas ni tenemos que pronunciar un discurso, conseguir una pulsera, una pegatina para el parachoques o un tatuaje. Solo debemos decidir estar plenamente comprometidos. De esta forma, la vida puede ser como un sorteo, uno en el que debes estar presente para ganar.

No creo que Dios sea la clase de persona que se autoimponga a nadie. Si la gente no quiere acudir al banquete, no se amarga ni nada por el estilo. Los ama igual, pero no los va a forzar. Sencillamente sigue mirando. Continua diciendo que hay más sitio para los que de verdad quieran ser invitados adonde él está. En ese sentido, es como cualquiera de nosotros. Dios presta atención a nuestros corazones y disfruta cuando la gente quiere acercarse a él. Conoce nuestra tristeza y el quebranto que queremos ocultarle, y envía a otros que vengan a buscarnos.

Cuando yo era joven y pensaba en Dios, en la iglesia y en Jesús, me asustaba, porque pensaba que acercarse a él era como irrumpir en el plató de *La búsqueda 2*. Creía que debía navegar por muchos corredores largos, con flechas indicando en todas las direcciones y la gente religiosa eran los guardias de seguridad. Había gente que controlaba si habías sido invitado. Pero Jesús nunca actuó de ese modo. Cuando lees la Biblia, la gente que le amaba y le seguía era como yo: personas a las que no se invitaba a ningún sitio. A pesar de ello, Jesús dijo a sus amigos que estaban invitados a todas partes. En realidad, les explicó que los religiosos no eran quienes decidían quién entraba al cielo y quién no. Afirmó que sus seguidores pensarían en sí mismos más bien como ujieres y que como porteros, y que sería Dios quien decidiera quién podía entrar. Nosotros somos sencillamente los que llevamos a otros a su asiento; un asiento por el que otro ya pagó.

¿Puedes creer que Jesús invitara a gente a un banquete y que no aparecieran? Cuando aceptamos su invitación para acudir a la vida, debemos hacer esa vida con él, y él es infinitamente más poderoso e importante que el presidente. O que Nicolas Cage.

Cuando aceptamos la invitación de Jesús a participar con él en la vida ocurre un par de cosas más. Los obstáculos que parecen infranqueables no lo son. Los impedimentos que, a nuestro entender, nos descalifican, no lo hacen. Cuando acudimos para participar con Jesús en la gran vida, estamos colaborando con el ser mismo que dio origen a la vida misma. Él nos pregunta suavemente cómo estamos y nos invita a sentirnos mejor junto a él.

Aceptar la invitación para acudir a la vida significa bajar de las gradas hasta el campo de juego. Dejar de desarrollar opiniones para desarrollar opciones. Consiste en tener cosas que nos importan lo suficiente como para dejar de pensar en ellas y *hacer* de verdad algo al respecto. Dicho de otro modo, Jesús nos busca para que aceptemos la invitación a participar. Es como si el presidente llamara y solo necesitáramos contestar al teléfono. Es necesario que acudamos.

Cuando aceptamos la invitación de la vida, también es contagioso. Otros nos verán y empezarán a considerar que la vida es algo más sorprendente y extravagante que antes. Cuando acudes a la gran vida, la gente —esos que no creen estar invitados— empieza a ver invitaciones por todas partes, tan abundantes como las coloridas hojas de otoño. Ya no piensa en su dolor ni en su debilidad, sino en lo verdaderamente increíble que es una gran vida, y, también, en lo poderoso que es aquel que ofrece el banquete.

Jesús quiere que vayamos. Envía a sus siervos para que digan a las personas que están en las vallas y en las bibliotecas que están invitados a la fiesta. Te está mandando una invitación también a ti, al salir el sol, con el canto de un pájaro, o en el aroma del café que llega perezoso desde la cocina. El que te ha invitado es mucho más poderoso que cualquier impedimento que nos parezca estar afrontando, y él solo tiene un mensaje para nosotros. Se inclina hacia delante y susurra bajito a cada uno de nosotros: «Hay más sitio».

CAPÍTULO 12

....

¡QUÉ CLASE DE JONRÓN!

*Solía pensar que las palabras que se dicen sobre nosotros describen
quiénes somos,
pero ahora sé que le dan forma a quiénes somos.*

Cuando estaba en la escuela elemental, jugaba en las Pequeñas Ligas de Béisbol. No era un tipo demasiado deportista. Supongo que era normal, excepto en los aspectos del juego que consistían en atrapar, lanzar y batear. Tenía un uniforme, una gorra, un guante y cartas de béisbol en los rayos de mi bicicleta, de modo que el entrenador me dejó formar parte del equipo y me situó en el lado derecho del campo, donde apenas ocurre nada. Cuando eres tan pequeño, nadie golpea la bola hacia el lado derecho.

Yo era más grande que cualquiera de los demás chicos del equipo, de modo que todos suponían que podía batear. El hecho era que no era capaz. Como era un muchacho tan grande, casi cubría la base. No le tenía miedo a la bola y los lanzadores no eran muy precisos que digamos, así que parte de la estrategia de nuestro equipo consistía en enviarme a la base para que me golpearan en uno o dos lanzamientos en cada entrada. En béisbol, cuando te golpean, te envían a la primera base y ni siquiera tienes que balancear el bate. Creo que es el único juego en el que solo necesitas que la bola te golpee la cara para ganar.

Mi tristísimo porcentaje de bateo era el resultado de un error básico: cada vez que balanceaba el bate, cerraba los ojos. Era como si mis ojos y mis brazos estuvieran, de algún modo, conectados. A lo largo de toda la temporada, la única forma de llegar a la base era consiguiendo que me golpearan. Hacia el final del año, también tenía diecisiete magulladuras que me llegaban hasta el hueso y una contusión cerebral.

No sé cómo, pero nuestro equipo llegó a la eliminatoria. Yo tenía poco que ver en ello, aparte de los cardenales, claro está, y unos cuantos dientes sueltos. La cuestión es que llegamos allí. El primer juego estaba empatado en la parte alta de la quinta entrada, y me tocaba batear. Podía escuchar el gruñido de las gradas al ver a aquel chico grandote, incapaz de darle a la bola, que subía a la base. Oí cómo, desde nuestras propias gradas, coreaban «golpéalo... golpéalo... golpéalo» con la esperanza de que el lanzador me volviera a dar de lleno y tomara una base. Intenté apartar de mi mente la posibilidad de que mi propio padre pudiera estar liderando aquel canto.

El pitcher no me atinó en los dos primeros lanzamientos, y, de repente, tenía dos *strikes*. Yo quería acabar la temporada cubierto de gloria, de modo que apreté los dientes, sujeté con más fuerza el bate y decidí fallar, pero al menos hacer un buen intento. (Siéntete libre de leer las dos líneas siguientes a cámara lenta). El último lanzamiento llegó disparado desde el montículo; cerré los ojos y bateé tan fuerte como pude. Oí ese sonido apagado, *zuap,* y sentí una nueva sensación en mis manos. De alguna manera, milagrosamente, había conectado con la bola. Y de repente estaba tan sorprendido que me quedé allí plantado. Entonces, alguien gritó desde el banquillo: «¡Corre!», y yo, como Forrest Gump, corrí.

Brinqué alrededor de la primera base y observé cómo volaba la bola hacia el centro del campo, rebotó en la valla y cayó en el lado del jonrón. Cuando llegué a la tercera base, ya estaba sumergido en mi gloria personal, mientras me precipitaba hacia el plato, con los brazos alzados, y haciendo el gesto utilizado por los árbitros para una anotación en fútbol americano porque desconocía la diferencia.

Al final, el otro equipo anotó alrededor de una docena de carreras más en el siguiente par de entradas y perdimos miserablemente. Pero yo apenas lo noté, porque mi *jonrón* se repetía una y otra vez en mi mente. Era un círculo a cámara lenta en mi imaginación, con tomas desde distintos ángulos y un montón de relámpagos de flashes de cámaras antiguas, gente gritando, señalando hacia arriba, a la bola o tirando sus palomitas y sus refrescos al saltar para ver lo que yo acababa de hacer. Todos parecían sorprendidos, especialmente yo.

Aproximadamente una semana más tarde, me encontraba en mi habitación y mi madre me dijo que tenía correo. *¿Correo? ¿Para mí?* Abrí el gran sobre y, dentro, había una tarjeta. Creo que era la primera tarjeta que recibía por correo y tenía la forma de una manzana. Me pregunté si todas tenían esa misma forma. Cuando la abrí, en su interior llevaba una inscripción de Hallmark que decía: «Eres la niña* de mis ojos». Debajo, escritas a mano, las palabras: «¡Qué clase de jonrón, Bob! Eres un verdadero jugador de pelota. Con afecto, Entrenador».

Leí aquellas palabras una y otra vez: «¡Qué clase de jonrón!». Pensé: *En realidad tampoco fue un golpe tan extraordinario. ¿Sabría que tenía los ojos cerrados?* Y las volví a leer: «¡Qué clase de jonrón!». Recordé las docenas de veces que me había ponchado o sencillamente me había puesto delante de la bola esperando que el ojo morado que ya tenía pudiera curarse antes de recibir el siguiente golpe. Luego volví a leerlo: «¡Qué clase de jonrón!». ¿Y qué me decía de todas las veces que había dejado caer la bola o la había lanzado a las gradas por error? No importaba. «¡Qué clase de jonrón! Soy un verdadero jugador de pelota», lo leí para mí mismo en voz alta. Y no solo eso, sino que yo era la niña de sus ojos.

* Nota del traductor: En inglés se utiliza la palabra *apple*, que significa *manzana*, de ahí que la tarjeta tuviera dicha forma.

Una vez escuché decir a un tipo de esos de autoayuda que uno podía mirarse al espejo y dedicarse lo que él llamaba afirmaciones positivas como decirte lo bueno, lo inteligente o lo talentoso que eres. Para ser sincero, no sé si eso funciona. Tal vez sí. Pero sí conozco algo que siempre tiene resultados: que otra persona diga algo bueno de ti. ¿Sabes qué? Creo que es así como fuimos creados, para que la gente nos llame de ese modo. Creo que Dios insufla algo significativo a nuestra vida y eso nos llena, y nos ayuda a cambiar el mundo independientemente de nosotros mismos y de nuestros defectos. Él nos llama sus amados. Él anhela que le creamos, de la misma manera que creí lo que mi entrenador dijo de mí. Él espera que empecemos a vernos como sus amados en lugar de pensar en todas las razones por las que no lo somos.

Algunas veces no pensamos que el nombre que alguien escogió para definirnos sea el adecuado. ¿Cómo pudo pensar el entrenador que yo era un verdadero jugador de pelota? ¿Y cómo puede Dios pensar en mí como su amado? Entonces recuerdo que Jesús le dijo a uno de los que estaban con él que era una roca, aunque sabía que ese mismo tipo negaría hasta haberle conocido alguna vez. No creo que Jesús estuviera dorándole la píldora a Pedro cuando lo hizo, sino que estaba haciendo que saliera algo que este tenía en su interior. Fue un poco parecido a cuando el entrenador me dijo que era un verdadero jugador de pelota: lo vio en mí y quería hacer que saliera de dentro de mí. Debemos seguir haciendo esto los unos por los otros aún hoy.

Han pasado más de cuarenta años y he visto unos cuantos partidos de béisbol, pero no muchos. No tengo motivos para pensar a menudo en las Pequeñas Ligas ni en los tiempos de la escuela elemental. Sin embargo, cuando lo hago, todavía pienso en la tarjeta de mi entrenador. Y, en mi mente, me veo sacándola del sobre. Puedo ver su forma de manzana, y, en su interior, las palabras de un hombre amable: «Eres la niña de mis ojos. «¡Qué clase de jonrón, Bob! Eres un verdadero jugador de pelota. Con afecto, Entrenador».

Las palabras de estímulo son así. Tienen su propio poder. Y, cuando las pronuncian las personas adecuadas, pueden cambiarlo todo. Lo que he descubierto al seguir a Jesús es que, la mayor parte del tiempo, cuando se trata de quién las dice, todos somos la gente adecuada. Y he llegado a otra conclusión. Que las palabras que nos dicen no solo tienen fecha de caducidad, sino que tienen la capacidad de moldear la vida.

CAPÍTULO 13

....

MAYOR Y MEJOR

Solía pensar que necesitaba sacrificarme por Dios,
pero ahora sé que la fe es como un juego de Mayor y Mejor.

Cuando era niño solíamos jugar a un juego llamado Mayor y Mejor. Probablemente también lo conozcas de tu infancia. Consiste en que cada uno comienza con algo de poco valor, como una moneda de diez centavos, y luego todos salen por el barrio y ven por qué la pueden intercambiar. Llamas a la puerta de la gente y les preguntas si están dispuestos a cambiar algo por la moneda, y vas a la casa de al lado e intercambias lo que te han dado en la primera por lo que te den en la segunda. El objetivo es volver con algo mayor y mejor que aquello con lo que comenzaste. Cuanto mayor sea, mejor.

Mi hijo Richard salió hace un rato con diez centavos. Fue a la primera casa y dijo: «Hola, estamos jugando a "Mayor y Mejor". Tengo una moneda de diez centavos y espero cambiarla por algo mayor. ¿Tiene algo por lo que me la pueda cambiar?». El tipo de la puerta nunca había oído hablar de ese juego. No obstante, entró de inmediato en el asunto y gritó por encima de su hombro a su esposa: «Eh, Marge, aquí hay un niño y *estamos* jugando a "Mayor y Mejor".

88

(Me gusta que haya dicho *estamos*). ¿Qué tenemos que sea mayor y mejor que diez centavos». Richard salió de allí con un colchón.

Junto con sus amigos, se dirigió a la puerta siguiente. Los chicos llamaron mientras Rich estaba allí de pie, en el porche, con su colchón. La puerta se abrió y su voz amortiguada apenas se podía oír mientras él gritaba a través de la parte superior del colchón de marca Serta, preguntando a este siguiente vecino si se lo cambiaría por algo mayor y mejor. Poco después, salió brincando de allí tras haberlo intercambiado por una mesa de ping-pong.

Richard la llevó a la siguiente casa y la cambió por una cabeza de alce. ¿No es genial? Yo me habría detenido en ese momento, pero Rich no. Siguió con el cambalache. Al final de la noche, cuando volvió a casa no tenía la moneda de diez centavos ni el colchón, ni la mesa de ping-pong, ni la cabeza de alce, ni las otras cinco cosas que cambió. Regresó a casa conduciendo una camioneta. No miento. Empezó con diez centavos y acabó con una Dodge.

Recuerdo haber leído una cita de C. S. Lewis que dice: «Al parecer, nuestro Señor no cree que nuestros deseos sean demasiado fuertes, sino más bien lo contrario. Somos criaturas tibias, que nos entretenemos con la bebida, el sexo y la ambición, cuando se nos ofrece el gozo infinito, como un niño ignorante que quiere seguir haciendo pasteles de barro en un barrio pobre, porque no imagina lo que supone la oferta de unas vacaciones en el mar. Nos contentamos con demasiada facilidad».

Esta cita me recuerda un pasaje de la Biblia acerca de un joven que tenía muchísimo dinero. Era un buen tipo, muy religioso, guardaba los mandamientos y todo lo demás. Jesús le dijo a este honorable muchacho que si quería conocer realmente a Dios, era necesario que vendiera todas sus posesiones y le siguiera. El hombre se entristeció pensando en el cambio. Como a mí, le gustaban sus cosas, pero también amaba a Jesús. Sin embargo, al final decidió que había trabajado muy duro para conseguir lo que tenía, que lo que tenía que intercambiar para llegar a Jesús era demasiado importante, y lo que se le ofrecía a cambio parecía demasiado intangible. De modo que escogió quedarse con sus pertenencias en lugar de seguirle.

Jesús no mantuvo esta conversación para avergonzar al joven dirigente rico. El desafío que pone de relieve es si estamos dispuestos a abandonar todo lo que tenemos por seguirle, para conocer a Dios. ¿Estamos listos para cambiar? Merece la pena hacerse esta pregunta, porque su respuesta dará forma a tu vida en un sentido u otro.

Todos hemos abandonado algo en algún momento. Al principio, siempre parece un inmenso sacrificio entregar lo que tenemos. Sin embargo, para Jesús no es ningún sacrificio. Piensa en ello desde su perspectiva. Él viene del cielo, donde tiene una asombrosa relación de amor con el Padre que, por su naturaleza, es la existencia más hermosa que una persona pueda tener. Ofrece a todos los que estén dispuestos a abandonar aquello que les esté proporcionando un falso sentido de seguridad. ¿Por qué no haríamos un intercambio como este? Lo que Jesús dice básicamente es: «Mira, nada de lo que tienes va a durar, y eso te incluye a ti mismo. Ahora no tienes más que diez céntimos de vida. Ven y cámbialo; sígueme y podrás conocer a Dios». En ese sentido, Jesús no está pidiendo sacrificio alguno. Nos está proponiendo jugar a «Mayor y Mejor», donde nos abandonamos a nosotros mismos para acabar estando con él.

Es importante observar aquí que Jesús no pidió a nadie que entregara todas sus posesiones. Es algo que solo le solicitó al joven dirigente rico, porque quería enseñarle que no era tan santo como pensaba. Quería que aprendiera que seguía necesitando la ayuda de Dios, considerar lo que tenía y decidir si prefería tener aquello o cambiarlo por lo que Jesús ofrece: una vida con él.

En realidad, el verdadero juego de «Mayor y Mejor» que Jesús está jugando con nosotros no suele tener que ver con dinero o bienes, y ni siquiera con nuestras esperanzas. Está relacionado con nuestro orgullo. Pregunta si abandonaremos eso que nos enorgullece tanto, lo que a nuestro entender no da *importancia* a los ojos del mundo, y dejarlo para seguirle a él. Nos pregunta: «¿Tomarás aquello que, en tu opinión, te define, lo dejarás atrás y, a cambio, me permitirás definir tu identidad?».

Lo fabuloso de decidirse por la oferta de Jesús es que aquello que hasta ahora te controlaba, ya no te domina. A quienes estaban obsesionados por llegar a ser famosos ya no les importaba si alguien desconocía su nombre. Los que deseaban tener poder están dispuestos a servir. Los que perseguían el dinero, ahora lo regalan voluntariamente. Quienes solían suplicar la aceptación de los demás, son ahora lo suficientemente fuertes para dar amor.

Cuando nuestra seguridad viene de Cristo, ya no tenemos que buscarla en el mundo, y eso sí que es un buen cambio.

¿Sabes lo que hizo Rich con aquella camioneta? La regaló. La llevó a una iglesia que había al final de la calle y les dio las llaves. No la necesitaba, ni la quería, y lo que consiguió a cambio fue mayor y mejor todavía: una sensación de satisfacción, confianza y reafirmación porque aquella cosa no tenía control sobre él. Aunque fue una buena historia el haber andado de cambalaches y conseguir una camioneta, aún es mejor y más extravagante haberla regalado al final. Y tiene que servir a Dios, no por medio de sacrificios, sino cambiando la forma en la que vive su vida. Aunque comenzó tan solo con diez centavos, salió con un extraordinario ejemplo de cómo nos ve Jesús en el mundo.

La gente religiosa dice que Jesús está a la puerta y llama. Estoy de acuerdo. Pero aún hay más. Él nos invita a estar a la puerta de su casa y también a llamar. Y cuando abre una puerta, quiere que le llevemos toda la fe que tenemos, aunque no valga más de diez centavos, porque él mismo es lo que podemos sacar a cambio. Y lo que tendremos que dar para conocerle, es lo que hemos acumulado durante nuestra vida y a lo que nos aferramos ahí de pie, en el porche.

CAPÍTULO 14

....

UN NUEVO TIPO DE DIETA

Solía pensar que la religión tenía un sabor horrible,
pero ahora creo que simplemente me estaba comiendo
lo que no era.

Un par de amigos y yo decidimos perder un poco de peso este año. Estos son unos tipos que te lo harán pasar mal si no cumples lo que prometes, y yo no quería de ninguna manera ser el último en perder algunos kilos. Por tanto, cambié algunos de mis hábitos.

La primera mañana, estuve de pie delante del refrigerador con la puerta abierta de par en par como hacen mis chicos adolescentes, como si estuvieran viendo una película... una película muy fría y carísima. Tomé una rosca de pan y un poco del queso crema Filadelfia, que estaba en su envoltura plateada usual. Esta no es la mejor elección de desayuno para alguien que quiere reducir el tamaño de los rollos de grasa en su cintura, pero unté una capa un poco más fina de lo habitual y pensé que, de todos modos, perdería unos cuantos gramos.

Ashley, una amiga de la familia, se estaba quedando en nuestra casa y, seguro que esta vez compró el queso crema bajo en grasa, pensé mientras tomaba un poco de la envoltura y lo untaba sobre la rosca de pan. Le di un mordisco y me supo horrible. Sinceramente me costaba creer que alguien pudiera comerse aquella basura desnatada. Pensé: *Tal vez si pongo un poco más de este falso queso en crema en mi panecillo tendrá un sabor más parecido al de verdad.* Corté, pues, un trozo más grande de la barra y lo extendí con un poco más de espesor. Volví a morder, pero no había diferencia. En realidad hasta sabía peor.

Tomé la otra mitad del panecillo y decidí que no tenía sentido hacer lo mismo con ella. *¡Qué más da! Si esta cosa tiene la mitad de calorías, puedo usar doble cantidad,* razoné. Corté otros dos grandes trozos, dejando la justa cantidad para poder devolverlo al refrigerador con dignidad. Aquel sano sustituto no tenía rescate posible. Cada bocado sabía peor que el anterior.

La dulce María entró a la cocina, mientras terminaba de comerme a la fuerza aquel deslucido desayuno.

—Eh —le dije—, ¿puedes pedirle a Ashley que no compre más esta basura baja en grasa? Tiene un sabor *horrible*.

—Sí, me imagino que sí —contestó con un aire de incredulidad en el rostro.

Se dirigió al envase casi vacío, lo inspeccionó y empezó a reírse a carcajadas.

—¿Qué ocurre? —pregunté confuso.

En un tono de satisfacción, de esos en los que uno se deleita en momentos así, me explicó que acababa de comerme casi una barra entera de manteca de cerdo Crisco.

En casa le llamamos a esto una «finta». Es un término deportivo, imagino, pero nosotros lo utilizamos cuando pensamos que las cosas eran de una manera, pero nos engañamos y se convierte en algo totalmente distinto. Lamentablemente es algo que ocurre casi de continuo en mi vida y también en la fe. Es aquello que se disfraza de realidad, pero no lo es. Lo desconcertante es que, en lugar de dejar esa cosa falsa, nuestra reacción suele ser poner más cantidad o decidir que, aunque no está tan bueno, lo falso es bastante pasable.

Si tomas a mil personas que no quieren tener nada que ver con la religión y les preguntas por qué, te darán todas las razones por las que no les gusta, pero dudo mucho que te describan realidad del asunto. Te hablarán de un tipo o una chica de un programa de televisión que les dijo que si donaban dinero, se harían ricos. Comentarán sobre el pelo cardado y el escandaloso maquillaje de algún telepredicador y las cosas absurdas que dijeron e hicieron. Te contarán de alguien que era religioso, pero les rompió el corazón, no cumplió su promesa, les mintió, lo detuvieron, lo encarcelaron, o que lloraba mucho delante de las cámaras, pero resultó que era un farsante. Tal vez te relatarán que alguien les advirtió que Dios odiaba quienes eran o cómo actuaban, con quién se habían casado, o que no podía perdonar lo que habían hecho. Sinceramente, es una triste situación. La única forma en que pueden evitar que los engañen es que alguien les haga probar lo verdadero. Y lo extraordinario es que cada uno tenemos una oportunidad de ser esa persona.

En la Biblia encontramos a un tipo llamado Timoteo que recibe una carta de otro que se llama Pablo. Este es como un hermano mayor para él. En la misiva, Pablo le dice que tenga cuidado con la gente que hace ver que es santa, pero su santidad no procede de Jesús, sino de sus obras, que son puro engaño. Pablo afirmaba que este tipo de devoción religiosa era una forma de maldad, o sea exactamente lo contrario a lo que fingía ser. Le advirtió a Timoteo que se cuidara de la gente que falsifica su fe. En otras palabras, algunas religiones parecen tener la envoltura correcta, pero, en realidad, no son más que manteca Crisco.

En la Biblia encontramos un par de ejemplos de gente que fingían. Jesús solía utilizar a los abogados y a los religiosos como ejemplo de aquello que no le gustaba, y eso me toca muy de cerca. Un tipo religioso llamado Esceva tenía siete hijos. Hablaban de Jesús, pero resultó que estaban llenos de Crisco y uno de los tipos malos que conocieron se lo recordó. Les dijo: «A Jesús conozco, y sé quién es Pablo... ¿pero quiénes son ustedes?».

Como los hijos de Esceva, parece que muchas personas que afirman conocer a Jesús utilizan todas las palabras correctas y los movimientos adecuados, pero no tienen ni sinceridad ni autenticidad. Fanfarronean y utilizan un montón de palabras grandilocuentes para describir una sencilla idea sobre la fe. Pero, en realidad, nunca hacen nada. Es como el tipo que tiene un gorro de cowboy, un pato, una vaca y un tractor y se autodefine como ranchero. Cuando de fe se trata, no queremos ser todo sombrero y nada de ganado.

En la historia bíblica, los hijos de Esceva acaban con el trasero pateado. No son cosas mías, sino palabras de la Biblia. A Dios no le gusta cuando la gente finge. En un sentido, es lo mismo que la usurpación de identidad, solo que estos roban la identidad de Dios y la utilizan para hacer que la gente se sienta mal o para obligarla a cambiar quiénes son para poder encajar en una comunidad religiosa en particular. Por lo general, puedes notar cuando alguien hace esto, porque, igual que los hijos de Esceva, suelen utilizar mucho el nombre de Jesús, pero no parecen tener nada del poder que él dijo que se recibía al conocerle. Este poder se detecta fácilmente, porque suele llegar en forma de gracia y de aceptación, así como de amor sincero y respeto. Es de la clase de poder que hace cosas de verdad en lugar de limitarse a hablar sobre ellas.

Con más frecuencia de la que me gustaría admitir, descubro que digo o hago cosas, calculando qué les parecerá a quienes me oigan o me vean. Por ejemplo, digo que no tengo tiempo de hacer algo cuando lo que me falta es compasión. Jesús me está pidiendo a mí y al resto de la gente en el mundo que dejemos de fingir. Quiere que luchemos contra la tentación de limitarnos a tener la envoltura correcta, y, en vez de ello, seamos exactamente tal como él nos ha hecho y lo que somos allí donde estemos.

Ninguno de nosotros quiere dar una mala imagen de Dios. Sin embargo, al final, si fingimos, Dios luce mal. Y esto provoca que la gente piense que él sabe a Crisco.

Y no solo eso, sino que cuando conocemos a personas que se han alimentado de una falsa idea sobre la identidad de Dios y su obra, no es de sorprender que tengan una pequeña indigestión. Así que o nos pasamos el tiempo hablando de envolturas o podemos mostrarles de qué está hecho Dios en realidad. Podemos mostrarles que Dios está lleno de amor y que es la fuente de la esperanza y de toda idea creativa. A la gente no le gusta oír que sus experiencias fueron incorrectas o que su envoltura, o la de otra persona, están hechas del material equivocado. En lugar de esto, debemos ser nosotros los que les mostremos el amor verdadero de un Dios verdadero.

Ahora tengo más cuidado con lo que agarro cuando voy al refrigerador. Me asusta un poco acabar con otro panecillo lleno de manteca de cerdo, o algo peor. Pero si me vuelve a suceder, no voy a fingir ni a tomar otro bocado, y tampoco lo voy a dejar en su envoltura para la próxima persona. Lo dejaré, me iré despacito y escogeré algo que sea mejor para mí. Quizás una manzana, aunque en el pasado hubo gente que tuvo problemas con eso también.

....

CAPÍTULO 15

UNA PALABRA QUE NO SE DEBE USAR

Solía pensar que todas las palabras eran iguales,
pero ahora sé que hay algunas que no debería usar.

Don es un amigo mío. Ha escrito un montón de libros. Al parecer, todo el mundo le conoce, y es probable que haya vendido un par de millones de copias de sus libros, o quizás más. Nunca me lo diría, y yo me sentiría incómodo de preguntar; por tanto, no lo he hecho. Don es uno de esos tipos secretamente increíbles que no hablan nunca de lo que van a hacer. Él sencillamente hace lo que tenga que hacer, no para dirigir la atención hacia sí mismo, sino para orientar a la gente hacia un Dios accesible. De hecho, ha jugado un papel muy importante en este libro. Revisó todo lo que yo había escrito y me indicaba si debía seguir trabajando en alguna parte o eliminarla. Algunas veces me sugirió que lo empezara todo de nuevo o me señaló cómo mejorarlo.

Me decía: «Eh, Bob, creo que *nuestro* trabajo estaría mejor si *pudiéramos*...», y, a continuación, me mostraba lo que había que cambiar. Yo lo bromeaba diciéndole que me sentía feliz de poder ayudar a ese autor superventas del *New York Times* con «nuestra» obra.

Un día, Don dijo que no debería usar la palabra *eso*.

«¡No me digas! ¿Y qué hay de malo en escribir "eso"?», pregunté.

No me lo explicó; solo dijo que no la empleara. Y lo dijo como sabiendo de lo que hablaba. Me indicó que la tratara como una palabrota.

«¿Cómo una palabrota? ¿En serio? ¿Pero por qué?».

Conozco un par de malas palabras y «eso» no es ninguna de ellas.

Jamás me contestó la pregunta. Supongo que es gramaticalmente correcto usarla de vez en cuando, pero no demasiado. Sin embargo, nada de eso me importa. Lo único que sé es que Don es un gran escritor y que dijo que *nuestra* obra quedaría mejor si no *usábamos* la palabra *eso*. De modo que ahora evito utilizarla. Aún no estoy seguro al cien por cien del por qué, pero confío en Don y es suficiente.

Creo que la fe es algo parecido, porque Jesús no siempre lo *explica* todo en detalle. Si alguien en quien confío me dice algo, sé que es para mi beneficio, y me limito a fiarme de él. No me molesta la posibilidad de que alguien pueda equivocarse, sobre todo cuando sopeso que pueden tener razón y que mi vida iría mejor si yo siguiera su sugerencia. Recuerda, sin embargo, que soy abogado. Me gano la vida lidiando con gente engañosa, así que no soy presa fácil. He aprendido a afilar mi intuición en cuanto a *por qué* alguien me ofrece una aportación. He descubierto que uno de los mejores filtros que se puede usar para confiar en alguien es cuando no sacan ninguna ganancia de su consejo.

Esto es lo que quiero decir. Muchas personas adjuntan distintos ángulos a sus relaciones. Harán o dirán algo y más tarde te enterarás de que, en realidad, su objetivo era conseguir algo a cambio. Todos lo hemos experimentado. Sin darse cuenta, un montón de cristianos hacen exactamente lo mismo con su fe. No es por maldad ni nada que se le parezca. Sencillamente están convencidos de que la fe es como un club exclusivo del que se forma parte. Toman a las que solían ser auténticas amistades y las utilizan como cocteleras de relaciones. Llaman «ministerio» a lo que el resto de nosotros llamamos actos normales de bondad, o emprenden una maravillosa aventura para conocer otro país y lo denominan «viaje misionero». A vista de otros, esto puede parecer algo así como usar tretas predecibles y manipuladoras para burlar al guardia de la entrada del club. Sin embargo, esta gente corre el riesgo de degradar una fe genuina y sincera y convertirla en un infomercial para Dios o su propio estatus.

Lo que me gusta de Jesús es que no intentó reclutar a la gente ni crear rollo. Ni él ni sus discípulos dijeron jamás que estaban en un viaje misionero, porque no era así. Simplemente invitaba a todo el mundo y les decía que podían seguirle. Jesús no usó palabras rebuscadas ni códigos para demostrar que él era «parte del club» o que quería proteger su reputación. Tampoco hablaba sobre lo que iba a hacer ni a la cantidad de personas que vendrían a hacer «la oración» para aceptarle. No presentó el plan de Dios como si fuera un prospecto que prometiera una ganancia sobre la inversión. Solo pidió a la gente que se uniera a la aventura. Es casi como si Jesús hubiera venido a decir, entre otras cosas, que tener una relación con él no tenía por qué ser totalmente lógica ni proporcionar seguridad. La fe no es una ecuación, ni una fórmula ni un trato comercial que te consigue lo que tú quieres. En resumen, del otro lado del signo de equivalencia no hay nada más que Jesús.

Él no dio a la gente demasiadas instrucciones sobre lo que debían o no debían decir. Pero habló bastante sobre sus corazones. Dijo que sería mejor que permanecieran lejos de ciertas cosas. Era algo parecido a indicarles que no escribieran la palabra *eso* en sus vidas. No era porque intentara controlar sus vidas, sino porque deseaba que ellos escribieran sus vidas de una forma mejor, supongo. Confío en Don, porque es un buen autor. Confío en Dios, porque es el mejor de todos. Soy de la opinión que Dios no nos lo detalla todo en la vida, pero sí nos dice cómo escribirla mejor; confiar en él de forma implícita siempre es el mejor punto de partida.

Mi libro favorito no es *Guerra y paz* ni *Huckleberry Finn* (aunque *Huckleberry Finn* está bastante cerca). Mi libro favorito es el diccionario. Y la razón es simple: contiene centenares de palabras, probablemente millares de ellas, que pueden captar una idea o un pensamiento, y propone palabras para describir esas ideas y pensamientos con mayor precisión. Esto añadirá más claridad a lo que intento decir. Intento explicar mi fe de una forma muy parecida a como lo hace un diccionario, y miro a ver si puedo intercambiar una palabra que se usa demasiado por otra que pueda aportar más sentido, más vida. Sigo sin saber por qué Don me dijo que no escribiera la palabra *eso*, pero me gustaría pensar que tiene algo que ver con la forma en la que quiere que me esfuerce por encontrar una forma mejor y más clara de expresarme que la utilizada en el pasado. Creo que tal vez Dios opina lo mismo.

....

CAPÍTULO 16

A LA CAZA DE OSOS PARDOS

Solía pensar que había errado el blanco y que Dios estaba enojado
  por ello,
pero ahora sé que «errar el blanco» es una analogía absurda.

Cuando era niño, tenía una relación extraordinaria con mi papá, y a él le encantaban las escopetas. Mi hermana y yo no nos llevábamos demasiado bien —ella era más grande que yo y me pegaba—, así que me pasaba más tiempo con mi mamá o con mi papá. En aquel tiempo, mi padre dedicaba su tiempo al jardín o a cualquier cosa que girara en torno a la cacería. Tenía un rifle enorme y lo trataba como si fuera un coche clásico, frotándolo con aceites y paños suaves. Cuando acababa de mimarlo, me dejaba tomarlo en mis manos y fingíamos seguir el rastro de un oso pardo. Yo tenía unos ocho años y jamás había visto un oso pardo, pero podía imaginarlo perfectamente en mi mente, mientras me escondía detrás del sofá o debajo de la mesa del comedor.

Papá me enseñó con gran paciencia cómo manejar el rifle y disparar. Me inculcó un sano respeto por las escopetas, haciéndome saber lo peligrosas que eran y el cuidado extremo con el que se debían tratar. Yo era su joven aprendiz.

«Hijo, es necesario que observes a través de la mira las cosas que están lejos, pero que también apartes la mirada con el tiempo suficiente para ver lo que tienes cerca». Las lecciones de la vida que encerraba esta declaración se me escapaban en aquel entonces, pero he regresado a frases de sabiduría como esta cuando me he encontrado a punto de apretar el gatillo en un juicio, en un trato de negocios o en algún embrollo del tipo que sea.

«Entonces», proseguía él con la seriedad de un monje, «ya todo depende de cómo aprietes el gatillo». Su voz se quedaba en un susurro cuando añadía: «Si lo haces con mucha fuerza, la escopeta dará un tirón y se desviará del blanco. De manera que debes hacerlo de un modo superlento.

Lo miraba fijamente, con los ojos clavados en los suyos. «Entendido, papá. Superlento».

«Lo que tienes que hacer es esto...». Se inclinaba hacia delante y envolvía sus brazos alrededor de los míos, mientras yo sostenía el rifle. «Respiras muy hondo». Él tomaba una gran bocanada de aire. «Sueltas la mitad... y entonces aprietas lentamente el gatillo». Casi me lo cantaba como si fuera un poema. «Tomas aire... sueltas la mitad... y aprietas lentamente el gatillo». Lo repetía una y otra vez, y yo hacía lo mismo. No quería que se me olvidara. No con osos pardos sueltos por la casa.

A mamá no le entusiasmaban las escopetas, pero papá insistía en que, tratadas con respeto, eran seguras. También solía salirse por tangentes como que se las mencionaba en la Constitución y, según recuerdo, que nuestra responsabilidad como estadounidenses era poseerlas y enseñarles a los hijos a utilizarlas para que pudieran dispararle a los británicos si volvían a intentar ese asunto de la invasión. De modo que, en contra del buen juicio, mamá le permitía tener un par de ellas en casa.

Mi progenitor era tan serio con respecto a las escopetas que incluso elaboraba su propia munición. No eran como las balas de mosquete de la Guerra Revolucionaria, sino de aspecto moderno, más afiladas y con ellas se podía disparar a un oso pardo. Como si los casquillos de latón pulido fueran monedas de oro en su mano, mi padre se sentaba en una silla, junto a la ventana, y los rellenaba de pólvora que sacaba de un pequeño saco colocado a sus pies. No te imagines que vivíamos en la cima de Ruby Ridge, que éramos supervivientes ni nada que se le parezca. Sencillamente, a mi papá le encantaba hacer municiones... como a otra gente le gusta hacer pan.

Tras un largo y amoroso proceso para asegurarse de que la bala no se encasquillara en el rifle, mi papá hacía que la bala siguiera todo el recorrido dentro de la escopeta. Durante todo este ritual, mantenía su rifle apoyado contra la mesa y, tras acabar con cada una de las balas, la metía en una caja con las demás. Eran como una fila de soldados preparados para tomar el campo de batalla.

Mi parte favorita del rifle de mi padre era la gran mira telescópica oscura. Era inmensa, varonil y parecía recién sacada de una película de francotirador. Hasta tenía retículo. A los hombres les gusta cualquier cosa que tenga punto de mira. Por esta razón no ven películas románticas, porque no lo tienen. Si sacaran una versión de la película *Orgullo y prejuicio* con marcas de puntos de mira sobre alguno de los personajes, los tipos harían cola durante días para llevar a sus novias a verla.

Un día, cuando ya tenía unos cuantos años más, mi papá estaba fabricando sus balas y yo le pregunté si podía cazar un oso pardo. Consideró mi petición con tranquilidad y reflexión, y, a continuación, comprobó la recámara de la escopeta para asegurarse de que no hubiera munición viva.

Lo inclinó en mi dirección y yo lo agarré lentamente, como si estuviera jurando mi ingreso en el Servicio Secreto. Lo levanté del suelo, le di la vuelta lentamente y pegué el ojo a la mira, buscando al oso pardo a través del retículo. Necesitábamos una nueva alfombra delante de la chimenea, y esta podría ser nuestra ocasión.

Observando a través de la mira telescópica, ya no estaba en el cuarto de estar con mi papá, sino agachado en un oscuro bosque, vestido de camuflaje y a la espera de que el oso pardo entrara a la habitación. Y entonces entró uno.

Con el cristal de la mira contra mi ojo, recité en silencio las palabras que mi papá me había enseñado. Tomé una gran bocanada de aire, solté la mitad, y lentamente oprimí el gatillo.

Resulta que tenía una bala dentro.

El violento sonido que se extendió por toda la casa sonó como un cañonazo.

La bala cortó el aire a unos quinientos kilómetros por hora, abriéndose camino a través de las placas de yeso y perforando los travesaños como si fueran mantequilla. Zumbó por todo el pasillo y en la habitación siguiente, donde se alojó justo por encima de la cama de mi hermana.

Por la forma en la que yo sujetaba el rifle, con la culata metida debajo de mi brazo y la mira firmemente pegada al ojo, todo el retroceso me alcanzó alrededor del ojo derecho. Tras un par de minutos, recuperé la conciencia y noté que mi camiseta favorita estaba empapada en sangre. Mi primer pensamiento fue que había hecho algo malo y que iba a recibir una buena paliza. El segundo fue preguntarme si le había dado al oso. Un niño del barrio que había estado por allí, jugando, corrió a contarles a los vecinos que me había pegado un tiro en la cabeza. Mi hermana entró a toda prisa para preguntar si podía quedarse con mi bicicleta.

A través de mi ojo ensangrentado podía ver a mi papá de pie, a mi lado, consternado pero decidido. Me levantó en sus brazos y se manchó de sangre. Me llevó al hospital y los doctores me cosieron. Me enviaron a casa con el ojo negro y azul, pero con un aspecto muy varonil. Mi hermana me lanzó una mirada de decepción cuando se dio cuenta de que seguía vivo y que no tendría mi bicicleta. Entré en su habitación, miré fijamente el boquete que había hecho la bala y calculé la distancia entre este y su almohada. «Exactamente más abajo y a la derecha», dije. Ella no volvió a meterse conmigo nunca más después de aquello.

••••◦◉◦••••

Te cuento esta historia porque, mucho después, conocí a algunos cristianos que utilizaban analogías sobre objetivos y errar el blanco, y todo eso. Quizás se refieran al tiro con arco. No obstante, esa analogía se establecía para enseñarnos que todos estamos metiendo la pata y no damos la talla. También afirmaban que Dios estaba muy enojado con algunas personas por lo que creían o por las cosas que hacían. Para ser sincero, estos cristianos sonaban un tanto sentenciosos. Sin embargo, cuando miro en retrospectiva, esa gente parecía más empecinada en apretar el gatillo que cualquiera que haya conocido. Buscaban a cualquiera que estuviera actuando mal, o que tomara una decisión equivocada, y lo convertían en su blanco.

Esto me desagradaba, porque yo solía meter la pata a menudo, y sentirse en el punto de mira de alguien produce un cierto repelús. Quizás fuera una de esas veces en las que, como decía mi papá, esa gente necesitaba apartar los ojos de la mira durante un momento, para poder ver lo que tenían cerca, como sus propias heridas y equivocaciones. Creo que todos necesitamos hacerlo de vez en cuando. Estoy seguro de ello.

A medida que he ido creciendo, he descubierto que la mayoría de las personas no son malas, en el sentido tradicional de la palabra. Quiero decir que no son maliciosos ni planean robar un banco o estafar a alguien. La gente que yo conozco dirige su punto de mira a cosas como ser amada, no estar sola, hallar alguna seguridad, y todo un montón de cosas que son, en realidad, bastante normales y que merecen la pena perseguir. De hecho, creo que Dios las puso en nuestros corazones para que las procuráramos, y es hermoso cuando de verdad alcanzamos esos objetivos.

Sin embargo, algunas veces las cosas pueden ir terriblemente mal y acabamos tendidos en el suelo, con la camiseta empapada de sangre. No creo que Dios se enfurezca con nosotros cuando esto sucede. Él sabía, cuando hizo el mundo, que habría dolor y que la gente saldría herida, ya fuera por ellos mismos o a manos de otros. Tenía conciencia de que se manipularían los unos a los otros, se engañarían e intentarían conseguir amor y respeto de formas inadecuadas. A pesar de todo, me resulta difícil verle disfrutar de nuestro dolor por fracasar.

En estos días, el concepto de Dios al que me aferro no es pensar que él se enoje conmigo por haber errado el blanco. Sino el verle a través de un ojo ensangrentado, levantándome en sus brazos, manchándose toda la camisa de sangre, y llevándome a un lugar para curarme.

....

CAPÍTULO 17

LAS FINANZAS DE LA TIENDA DE LA ESQUINA

Solía pensar que las normas las hacían otras personas,
pero ahora sé que podemos crear algunas de ellas.

Cuando era niño, solía ir a la tienda de la esquina a comprar caramelos. En nuestra ciudad, este comercio tenía una campana con un resorte que sonaba cada vez que la puerta se abría. En su interior había un maravilloso anciano de pelo gris, en la caja, que se parecía al tipo de la película *Una aventura de altura* [*Up*]. Tenía un bigote blanco cuyos pelos asomaban de su cara como pequeños tallos de maíz, y cuando alguien entraba y la campana sonaba, dejaba de empacar artículos para ofrecer una sonrisa y un gesto con la cabeza. En mi joven mente, él era el guardián de los caramelos, el hombre más afortunado del mundo. En mi razonamiento, él podía tomar un caramelo cuando quisiera, y ni siquiera tendría que pagarlo.

Pero yo sí tenía que pagar por ellos, así que durante toda la semana, cuando papá llegaba del trabajo, yo rebuscaba en los bolsillos de su pantalón en busca de monedas. Cuando me parecía tener suficiente, caminaba calle abajo hasta la tienda. La campana sonaba, el anciano sonreía y saludaba con la cabeza, yo recorría de arriba abajo los pasillos como un conservador en un museo de arte, dilucidando qué caramelo podía adquirir con el dinero en mi bolsillo.

Llevaba lo elegido hasta la caja registradora y esparcía el dinero sobre el mostrador. Nunca sabía si era suficiente, por lo que miraba al anciano a los ojos para saber si el número de vellones y centavos era el correcto. Él sonreía y, con voz baja y amable, contaba lentamente mi tesoro. Recuerdo que su chaleco siempre olía a tabaco de pipa, cuando se inclinaba sobre el mostrador entre botes y montones de bolsas de papel, y manipulaba mis monedas como un banquero.

Cuando contaba el importe correcto, deslizaba el caramelo hasta mí, recogía la parte de dinero que le correspondía y me devolvía el resto. Por lo general, nunca esperaba llegar a casa antes de comerme el dulce. Me quedaba acompañando al tendero y le observaba empaquetar los artículos para cualquier persona que entrara. Me gustaba escuchar sus pequeñas conversaciones, sus predicciones sobre el tiempo o los sucesos de la ciudad. El tema no era importante; sencillamente era el tipo de lugar donde uno quería entretenerse. Cada día, el hombre escuchaba una y otra vez el mismo cotilleo de pueblo; sin embargo, él escuchaba y contestaba como si cada cliente le contara las noticias por primera vez.

Una mañana, después de haber conseguido bastante menudo de mi papá, bajé tranquilamente por la calle, escogí mi dulce y dispersé mis monedas delante del tendero como si fuera la recompensa de un pirata. Él comenzó con su habitual proceso de separar las monedas en filas, como siempre hacía. Contó con su suave voz, deteniéndose para recordarme el valor de cada moneda. Me pidió que contara con él en voz alta. Yo siempre me detenía después de llegar a once o doce, y él acababa por los dos sin hacerme sentir mal. De alguna manera, parecía que ambos seguíamos contando. Cuando acababa, yo lo miraba a los ojos para ver si era suficiente. Me dedicaba un medio gesto con la cabeza y una pequeña sonrisa para indicarme que sí. Sin embargo, aquella mañana las cosas fueron distintas. Cuando acabó de contar, sacudió su cara bigotuda y entrecerró los ojos. Era la primera vez que ocurría, y supongo que significaba que no tenía bastante dinero.

—Nos falta un centavo —me dijo comprensivamente. Cuando eres niño, un centavo es una barrera infranqueable, y te puedes sentir realmente solo cuando se trata justamente de ti. Pero él había dicho «nos» y esto me hacía pensar que ambos estábamos juntos en aquello y que mi meta era la suya.

—Tengo una idea —propuso el tendero tras un par de largos minutos. Agarró uno de los centavos, mientras estiraba su brazo por detrás del mostrador para alcanzar un trapo viejo y una botella de vinagre. Derramó un poco del líquido sobre la tela y puso un pellizco de sal encima.

—Sé exactamente cómo te sientes —dijo sonriendo mientras empezaba a frotar el centavo—. Sé lo que es sentir que uno quiere algo y quedarse corto.

Esta era la frase más larga que jamás me hubiera dicho.

—Me encanta cuidar esta tienda —prosiguió mientras yo observaba la moneda como si formara parte de un truco de magia—, y me gusta mucho que vengas tanto a verme.

Me pareció que todo aquello era un rito de iniciación: ahora era yo quien mantenía una pequeña conversación con el tendero. Pensé que debía imitar otras conversaciones y recurrir al tema del tiempo, pero saltó con una frase que lo cambió todo.

Cuando acabó de frotar el centavo, había adquirido un color cobrizo brillante, como si lo acabaran de acuñar. Lo dejó caer sobre el mostrador con los demás y añadió—: En mi tienda, los centavos brillantes valen el doble.

—¿De veras? —pregunté muy animado.

—Sip, los centavos brillantes tienen el doble del valor.

¿Y sabes qué? Le creí. No le creí simplemente porque yo era un niño y él era un adulto. Le creí por quién era él. Las palabras pronunciadas por gente amable tienen la capacidad de durar en nuestras vidas. Hoy, más de cuarenta años después, cuando veo un centavo brillante, instintivamente pienso: *Los centavos brillantes valen el doble.*

Sé que estarás pensando: los centavos que brillan no tienen doble valor y el tendero estaba ideando un plan para arruinar mis notas en matemáticas. Pero no es así. Para él, los centavos brillantes valían el doble, sobre todo cuando eran míos. Tal vez en la tienda de al lado no era así. Sin embargo, en su tienda, él hacía las normas y creó esta solo para mí.

Jesús siempre hablaba de unas finanzas inversas. Explicaba que si querías recibir, tenías que dar. Si deseabas dirigir, tenías que seguir. Que los pobres son ricos y que solo vives de verdad para ciertas cosas cuando estás dispuesto a morir a ellas. Lo que aprendí del tendero aquel día, en retrospectiva, es algo extrañamente familiar y me muestra que poseemos más poder del que pensamos para crear nuestras propias reglas sobre la vida para vivir la economía que Jesús estableció. Llegamos a ser el tendero, al menos de forma figurada, y decidimos quién consigue qué, y lo que valen las cosas. Decidimos que la gente, incluidos nosotros, merecemos más de lo que otros puedan imaginar y que seguir a Jesús significa, a veces, unas matemáticas distintas. Y es que, en realidad, todos estamos del mismo lado del mostrador en lo que se refiere a necesitar un poco de ayuda y de gracia, un centavo brillante de vez en cuando. Somos el niño y somos el tendero.

....

CAPÍTULO 18

CONSEGUIR QUE TE LLEVEN

*Solía pensar que la vida se podía compartir con cualquiera,
pero ahora sé que escoger a la gente adecuada es sumamente
importante.*

¿Por qué el corrector ortográfico me obliga a escribir el nombre de
satanás con mayúscula? No quiero hacerlo. Es otorgarle demasiado crédito.

Creo que satanás existe, pero no pienso mucho en él. Para ser
sinceros, la Biblia tampoco lo hace. Nosotros hablamos más de él
que el texto bíblico. Recuerdo haber oído cómo alguna gente religiosa asustaba a los niños con cosas como: «Si escuchas música *heavy
metal* estás bajo el poder de satanás». O «si bebes cerveza o fumas,
estás bajo el poder de satanás». Jamás diría algo así a un niño, porque, en primer lugar, provocaría que quisiera escuchar ese tipo de
música, fumar y beber. Y lo segundo, haría que les resultara más
difícil dejarlo por estar convencidos de que están bajo el poder de
satanás.

Cuando pienso en él, mis pensamientos se remontan a la manera
en que Jesús interactuó con él en el desierto. Solo habló con él unos
segundos y le echó de allí. Era un manipulador que quería controlar

a Dios, pero la relación que Jesús tenía con él era algo que satanás no podía entender. Por tanto, no tuvo el menor reparo en reprenderlo y deshacerse de él. Creo que nosotros deberíamos hacer lo mismo.

Esto es todo lo que tengo que decir acerca de satanás. Y ya le he dedicado demasiado espacio.

·····◍·····

Durante la facultad, decidí tomarme algún tiempo y hacer autostop alrededor del país. Era un tiempo distinto en el que mucha gente lo hacía. También es verdad que hubo muchos asesinatos y por esa razón la gente ha dejado de hacerlo.

En una ocasión, decidí ir por este medio desde San Diego hasta la zona de la bahía de San Francisco. Extendí el pulgar delante de la Universidad Estatal de San Diego, donde iba a la facultad. Conseguí que me llevaran varias veces, costa arriba hasta pasada la ciudad de Los Ángeles y nunca tuve que esperar más de unos pocos minutos entre cada viaje. La mayoría de la gente era amable y estaban dispuestos a detenerse. Hay que reconocer que mis orejas caídas y mi aspecto bastante inofensivo ayudaban bastante.

Existe una regla tácita cuando se hace autostop, aunque imagino que es más sentido común que otra cosa. Cuando un auto se detiene para llevarte, en lugar de decirle al conductor adónde necesitas ir, siempre debes preguntarle hacia dónde se dirige. Esto te concede un segundo o dos para echarle una mirada y ver qué aspecto tiene. Si, por ejemplo, dicen que van a una convención de reptiles o a una exposición de rifles de asalto tú indicas que ya has estado allí y haces que te lleve otra persona.

Ya cerca de Santa Bárbara, me vi atascado en el lateral de la autopista durante casi un día entero. Tras veinticuatro horas, estaba desesperado por seguir adelante. Por fin se detuvo una furgoneta en el arcén, cerca de mi pulgar extendido. Yo solo pensaba en seguir subiendo hacia el norte, de modo que salté al interior incluso antes de que se hubiera inmovilizado el vehículo y eché mi mochila en el espacio que había entre los dos asientos delanteros.

El conductor parecía tener alrededor de los cuarenta años y llevaba una barba inmensa. Sentí un poco de envidia por ella, y, de hecho imaginé que algún día podría tener ese tipo de aspecto de hombre salvaje. Las ventanillas no estaban cerradas, y no pasó mucho tiempo antes de que me llegara un tufillo a olor corporal de esos que te revuelven por dentro. Hice un rápido chequeo de mis axilas para asegurarme de no ser yo la fuente. Aquel tipo habría podido tumbar a un búfalo de agua a cuarenta y cinco metros de distancia. No había problema. Al menos estaba de nuevo en movimiento y eso era lo único que me importaba.

Al ir tomando velocidad, noté que el tablero de instrumentos estaba cubierto de pétalos de rosa. *¡Qué extraño!*, pensé. ¿Sería un florista? Imaginaba que no; o quizás el negocio estuviera flojo, porque no había más flores dentro de aquella furgoneta hundida, asquerosa y sin cristales. En el lado del conductor, sobre otro montón de pétalos de flores había una fotografía de los pies de un tipo, con un marco dorado. Si eres como yo, estarás pensando que esto empieza a parecer muy raro. *¿Por qué tiene alguien una foto enmarcada de los pies de un amigo, sobre pétalos de flores?*, me pregunté. Mi mejor conjetura era que aquel tipo con barba y apestoso no era podiatra. La aguja de mi contador de rarezas había llegado al tope.

Tras toquetear un poco mi mochila, nervioso, y mirando por la ventanilla, le pregunté: «¿Bueno, hacia dónde se dirige?». No hubo respuesta. Precisamente por esta razón me he disciplinado a lo largo de los años con respecto a preguntar siempre adónde se dirige la persona antes de subirme con alguien. Pero, en esta ocasión, había estado atascado en la escarchada junto a la autopista suficiente tiempo como para echar semilla y, de alguna manera, había olvidado mi regla. Dejé transcurrir unos largos minutos por si acaso se estaba tomando su tiempo para responder. Después de un momento, imaginé que la primera pregunta no había llegado a destino y añadí con voz alegre: «Bueno, ¿y de dónde viene hoy? ¿No es una hermosura? Me encanta esta época del año, ¿a usted no?». Tampoco obtuve respuesta. No era buena señal.

Seguí mirando por la ventanilla de la furgoneta, intentando emitir una vibración de *no-estoy-asustado*. Entonces, sin previo aviso, el conductor volvió la cabeza muy lentamente, como lo hacen los tipos malos en las películas de terror.

—¿De veras quieres saber quién soy? —preguntó con una voz cubierta de enfisema y maldad.

—Claro —contesté intentando mantener el ánimo tranquilo. Íbamos a pasar un buen rato en la furgoneta. Más valía conocerse un poco mejor, encontrar ámbitos de interés común... ya sabes.

—Soy satanás.

—Ah —respondí, deseando que hubiera tenido un poco de agua bendita en mi cantimplora.

Sé que no fue la respuesta más inquisitiva, pero fue lo único que me salió en aquel momento. Además parecía mejor resumido que decir: «A la verdad que es algo terrible tener que ser tú. ¿Y qué tal los planes de destruir el mundo? ¿Cómo está tu madre? ¿Tienes madre?».

En realidad, yo estaba aterrado. De haber metido unos pañales de marca Depend en mi equipaje me los habría atado con correas. Le pedí a satanás, sorprendiéndome al ver que era más bajo que yo, que hiciera la furgoneta a un lado y me dejara salir. Aunque estar de nuevo en movimiento era bueno, imaginé que tampoco me estaba dirigiendo hacia donde quería ir.

Satanás se hizo el sordo y siguió conduciendo.

Aparentando tranquilidad, le advertí de un modo más directo que quería que se detuviera o le daría una patada en el trasero. Creo que es bueno ser directo con satanás e imagino que, probablemente, ya habría escuchado todas las palabrotas que yo conocía y tal vez algunas más. Satanás detuvo la furgoneta y yo me bajé.

····•◉•····

La polvareda provocada por su asquerosa camioneta llena de pétalos que idolatraba pies se arremolinó alrededor de mi cara cuando se marchó. Respiré superficialmente e intenté sacudirme toda la rareza de lo que acababa de experimentar. Para ser completamente sincero debo reconocer que me sentía agradecido por estar a salvo y que me sentí mal pensando en la siguiente persona con la que se encontrara.

Cuando volví a extender el pulgar, tenía una pequeña sensación de aprensión. Finalmente, una camioneta con laterales imitando la madera, despegados, se detuvo. Me sobrepasó en unos noventa metros y las luces de marcha atrás se encendieron. El coche retrocedió rápidamente por el arcén, haciendo crujir la gravilla durante todo el tramo.

El conductor era una mujer, y, al acercarme a la ventanilla, examiné brevemente la parte trasera en busca de tridentes o cualquier otra evidencia del inframundo. Lo único insólito era una caja negra, realmente grande, detrás del asiento del conductor. Descartando el pensamiento de que pudieran ser los restos de un autoestopista anterior, le pregunté adónde iba y me contestó que se dirigía a una boda en San Francisco. Parecía bastante seguro, de modo que me subí y volvimos a la autopista.

Tras un rato, escogiendo creer lo mejor sobre mi nueva compañera de viaje, decidí iniciar la conversación. Le pregunté con un tono informal que, estoy seguro, debió sonar un poco tímido:

—Eh, ¿qué es lo que lleva ahí atrás? —casi me sentía asustado por la respuesta antes de que esta llegara.

—¡Es mi arpa! —contestó radiante—. Estoy a cargo de la música en la boda.

—¡Ah, claro! —exclamé, riendo—. Su arpa, claro.

Me acomodé en mi asiento, en su furgoneta con laterales de imitación a madera, sentí la calidez del sol de la tarde, sonreí y me quedé dormido.

······◆······

Aquel día de autoestop aprendí una cosa: aunque necesitaba que me llevaran a un lugar, yo tenía mucho poder para decidir con quién quería subirme. Sé que parece sencillo, pero la vida es así. Te acabas pareciendo a la gente con la que sales y, hasta cierto punto, acabas yendo adonde ella se dirige. Cuando es otra persona la que se sienta al volante, debe ser alguien en quien confíes plenamente, porque le estarás dando mucho control sobre tu vida.

Los psicólogos teorizan ahora sobre la separación entre el cerebro y la mente. El cerebro es esa cosa que está dentro de tu cráneo. Sin embargo, según ellos, la mente funciona de una forma muy parecida a Internet, un mapa de información recogida de todas nuestras experiencias e interacciones con otras personas. En otras palabras, nos interconectamos entre nosotros y nos vemos más influenciados de lo que pensamos. Si hay un tipo que no es bueno, quiero decir verdaderamente malo, es importante que lo saques de tu mente cuanto antes. Por esta razón, quizás, Jesús no le concedió demasiado tiempo a satanás y lo envió con su música a otra parte.

Con todo esto quiero afirmar que tenemos mucho más poder de lo que algunos piensan para decidir con quién queremos hacer nuestra vida. Si te equivocas a la hora de elegir, como me ocurrió a mí, tienes que hacer lo que sea necesario para bajarte del auto.

No me refiero a parecer insensible, porque los malos también necesitan amigos. Sencillamente tú no les haces falta. Jesús no le da ninguna gracia a satanás. Le expone la verdad y le echa de allí.

Si satanás hubiera regresado diciendo que lo sentía, habría sido distinto; pero está claro que no lo hace ni lo hará jamás.

Algunas personas aprenden a ser altruistas y a interesarse por los demás y otras no. No siempre sabrás leer bajo el maquillaje de la gente que conoces. He decidido que una buena idea sería preguntar hacia dónde se dirigen antes de ir con ellos. Si no van hacia el destino donde tú quieres llegar, espera un poco más en la escarchada junto a la autopista.

....

CAPÍTULO 19

JEEPOLOGÍA

Solía pensar que los mejores maestros vestían chaquetas de lana
y fumaban pipa,
pero ahora sé que pueden volcarse y gotear aceite.

Uno de mis profesores favoritos no fue un catedrático, ni un escritor ni un líder religioso. Fue un coche que tuve. En concreto, era un jeep rojo bombero con la suspensión tan levantada que, para subirse en él, la ingle casi te pegaba un tirón. Tenía un arco antivuelco y un extintor sujeto al mismo. Este jeep era exclusivamente *para chicos*, un verdadero manifiesto de testosterona de ruedas y metal. Si hubiera podido ponerle asientos hechos de cecina, lo habría hecho.

Hace uno o dos años, cuando volvía de la iglesia en mi auto, un vehículo salió como una flecha de una calle lateral. Se estrelló contra el lado de mi Jeep y me golpeó delante de la rueda del lado del conductor. No me dio tiempo a reaccionar. No podía virar ni alcanzar el extintor. Ni siquiera tuve tiempo de clamar a Dios. El Jeep empezó a hacer un vuelta de barril y salí por los aires como si alguien estuviera jugando al lanzamiento de saquitos rellenos con mi cuerpo. Me gustaría poder señalar que llevaba el cinturón de seguridad abrochado, pero no fue así. (Ya sé, mamá). Salí despedido por el techo del Jeep como la bala de un rifle.

Recuperé el sentido y me encontré sentado, muy erguido, con los brazos apoyados detrás de mí, como si estuviera siguiendo un juego de pelota en el parque, en un día de verano. El Jeep estaba volcado a unos nueve metros y el motor seguía acelerando como si un pie fantasma pisara el pedal hasta el fondo. Había aceite y gasolina por todas partes. Como soy hombre, solo pensaba en una cosa: *¡Va a explotar!* Eso es cosa de chicos, supongo. O quizás estaba deseando utilizar el extintor. Fue una pena, pero no explotó. Quizás la próxima vez.

Empezaron a llegar otros vehículos rojos. Un camión de bomberos, una ambulancia, dos niños con bicicletas rojas. Y yo empecé a tocarme para verificar otra vez que tenía todas mis extremidades. Todo parecía estar funcionando; me levanté, me sacudí el polvo y caminé hacia el otro auto. El conductor estaba aturdido, y el cristal de la ventanilla empezó a bajar lentamente.

Todavía aferrada al volante, pálida y mirando hacia adelante con la mirada perdida, se encontraba una pequeña y frágil mujer. No resultaba difícil ver que era mayor. Me presenté.

—Hola, soy Bob. ¿Cómo se llama usted? —le pregunté a la anonadada mujer que seguía mirando fijamente a un punto lejano delante de ella, con los puños cerrados alrededor del volante.

—S-soy Lynn... —balbuceó.

—Lynn, ¿se encuentra usted bien? —inquirí, inclinándome un poco hacia adelante. Lynn era delgada como una oblea. No pesaría más de cuarenta y cinco kilos.

—Creo que estoy bien —susurró. No era de sorprender que lo ocurrido dejara a Lynn un tanto aturdida. Verás, la mujer tenía ochenta y siete años. Mediría apenas un metro cincuenta raso de puntillas y volvía a casa después de su clase de ejercicios para personas mayores. Intenté mantener contacto visual con ella, sin conseguirlo.

—Creo que olvidé hacer el stop —explicó Lynn, todavía aferrada al volante y mirando fijamente hacia adelante. Tenía toda la razón. ¿Pero quién podía enfurecerse contra alguien como ella? Por primera vez desde que iniciáramos la conversación, volvió la cabeza hacia mí y me dijo con la seriedad de una abuela y la sorpresa de un transeúnte—: Joven, ¿sabe usted que ha salido por el techo de su auto?

Oh, sí, claro, eso. Le dije que era mi forma de salir del Jeep cuando tenía prisa. Me ahorraba tiempo no tener que abrir la puerta y balancear mis piernas para bajar. Soy un tipo ocupado con muchas cosas que hacer, ya sabe...

Creo que Lynn esperaba que le regañara o que le explicara por qué debería haber tenido más cuidado; sin embargo, me limité a ponerle la mano en el hombro.

—Lynn —añadí—, no puedo mentir... ¡Esto ha sido *lo más extraordinario* que me ha ocurrido *jamás*!

Me miró y sonrió por primera vez. Intenté levantarle el ánimo diciéndole:

—Si hubiera una atracción como esta en Disneylandia, la gente guardaría una cola de un kilómetro y medio. ¿Podríamos volver a hacerlo la próxima semana? Nos encontraremos justo aquí, en el cruce.

Volví a preguntarle si se sentía bien y me respondió que sí. La policía estaba recogiendo trozos de mi Jeep en una zona verde del otro lado de la calle, detrás de una cerca, y más abajo, en una entrada de vehículos a una corta distancia. Uno de los hombres del camión de bomberos nos ayudó a intercambiar información. Yo estaba bien, de modo que caminaría hasta mi casa. Antes de marcharme, volví a acercarme a Lynn, le dije adiós con la mano y que no se preocupara. Todavía temblaba y parecía un tanto pensativa. Volví sobre mis pasos y le pregunté en qué pensaba.

—¿Sabe qué es lo que más me preocupa? —me preguntó mirando por encima de mi hombro—. No creo que me vayan a permitir que siga conduciendo.

Intenté ponerme en su lugar y sentir cómo sería eso, y le ofrecí algunas palabras de aliento. Lynn prosiguió:

—¿Sabe lo que ocurre? No quiero depender de nadie.

Sabía perfectamente lo que quería decir. A mí tampoco me ha gustado nunca tener dependencia de nadie. Podía entender exactamente lo que ella sentía. Y, entonces, me pasó por la cabeza que podría entrar en una época de dependencia como la de Lynn. El Jeep estaba totalmente destrozado cuando le dieron la vuelta. Los cristales relucían en el suelo y barrieron los trozos de metal apilándolos mientras arrastraban el vehículo hasta el depósito de chatarras. Pasarían semanas, o más tiempo, antes de que dispusiera de otras cuatro ruedas. Alguien tendría que llevarme y traerme a mí también. Me despedí de Lynn mientras la grúa, la ambulancia y los camiones de bomberos se dispersaban, y me fui a casa.

Días después, recibí una llamada en mi teléfono celular.

—¿Dígame? —respondí. Al principio no se oía nada, solo silencio. Luego, una voz quebradiza y llena de remordimiento salió del teléfono.

—Lo siento *tanto*.

Era Lynn.

—Lynn, ¿es usted? Eh, estoy bien. De verdad. Apenas si tengo algún cardenal. No puedo mentir, el auto necesitará un poco de pintura, pero, hágame caso y no piense más en ello. No era necesario que me llamara, ¡de verdad! —le dije intentando tranquilizarla sin mucho éxito, y colgamos.

Unos días más tarde, estaba recogiendo algunas pruebas y mi teléfono volvió a sonar. El mismo silencio seguido por el frágil «lo siento *tanto*».

—¿Lynn? —pregunté—. De verdad que todo va bien. Me encuentro fenomenal. Créame. No necesita llamarme para verificarlo. ¿Cómo están sus nietos? Se lo digo en serio. No es necesario que me llame.

Fui amable y me despedí al colgar, pero estaba seguro de que esto iba a seguir ocurriendo. Lynn no podía creer que la hubiera perdonado y olvidado el asunto.

Me pregunté qué podía hacer. No quería cambiar mi número de celular, pero tampoco quería recibir una llamada de Lynn un día sí y otro no. De manera que ideé un plan. Como tenía su dirección, llamé a una floristería local y encargué un inmenso ramo de flores y pedí que se lo llevaran. Escribí una nota y la metieron dentro del mismo. Le indiqué al repartidor que se quedara el tiempo suficiente para poder informarme sobre su reacción.

Cuando Lynn abrió la puerta, se topó con un inmenso cesto de flores aguardándola. Se quedó allí más sorprendida que cuando volcó mi Jeep. El arreglo floral era casi más grande que ella. Cuando abrió la tarjeta, los ojos se le llenaron de lágrimas. Le había escrito: «Querida Lynn, fue fantástico chocar con usted... Ahora, ¡deje de llamarme! Bob».

Creo que entendió el mensaje. Yo estaba bien y quería que ella también lo estuviera. Deseaba que se perdonara a sí misma y que se diera cuenta de que todos cometemos equivocaciones. Me alegro de haber chocado con ella y también que me llamara tantas veces. Me enseñó algo acerca de la fe: cuando Dios es lo bastante grande y me ama lo suficiente para decir que me perdona, yo debería creerle de verdad. Quiero decir que no debería seguir sintiéndome mal por todas las veces que he metido la pata, porque eso sería ignorar lo que Dios afirmó, así como Lynn no hizo caso a lo que yo le dije. Cuando no confío en el perdón de Dios es como decir que, en realidad, no creo que sea tan bueno. Lynn me hizo pensar en que debería dejar de pedirle a Dios que me perdonara una y otra vez cuando él ha dejado bien claro que siempre lo ha hecho.

••••◆••••

Aunque el Jeep fue pérdida total, se lo recompré a la compañía de seguros por unos dos mil dólares y le di una mano de pintura roja. Tenía problemas, desde luego: para empezar, tiraba hacia la izquierda.

No me refiero a que se fuera un poquito hacia la izquierda, sino que se desviaba enormemente en esa dirección. Si antes tenía que hacer un gran giro de volante hacia la izquierda para meterme en la entrada de vehículos desde la calle, ahora lo único que tenía que hacer era tocar los frenos. En segundo lugar, en cualquier parte de la entrada donde aparcara el Jeep, dejaba un charco de aceite. Yo no soy mecánico, pero lo capto. Ese coche había recibido mucho uso y no se le había cuidado. Había sufrido una gran colisión. ¿A quién le podía sorprender que tuviera un goteo de aceite? Tenía otros fallos técnicos, pequeñas cosas que solo su propietario notaría. La verdad es que nada de esto me fastidiaba. A pesar de todos sus nuevos impedimentos, era *infinitamente* más estupendo, resistente y encantador. Además, ahora tenía una historia. Antes solo lo parecía, pero ahora su historia era de verdad. Y esa historia le provocaba un goteo de aceite.

Sé que suena ridículo, pero quiero ser como ese Jeep. Quiero tener un goteo de aceite por haber sido golpeado por Jesús, porque algo demencial me sucediera, algo que pusiera mi vida boca abajo. He conocido a gente así, personas que tienen una fuga de Jesús. Cuando uno está alrededor de ellos, Jesús aparece constantemente con palabras y con hechos. No estoy suponiendo que Jesús golpee a todos, pero quienes hemos chocado con él, hablamos de él de una forma distinta. Empezamos conduciendo de una forma divertida y comenzamos a gotear allí donde estamos. Esto se debe a que hemos sido lanzados de nuestra vida en una tremenda colisión.

•◦◦◦●◦◦◦•

Salí de mi casa una mañana de Pascua, como María cuando iba a la tumba, y mi Jeep había desaparecido. No estaba en el garaje ni en la entrada. Ninguno de los niños se lo había llevado para dar una vuelta ni tampoco la dulce María. Seguí mirando hacia el camino de acceso a la casa, que solo mide seis metros, por si se me hubiera pasado por alto o estuviera más abajo en la calle. Pero no estaba. Resulta que me lo habían robado la noche anterior. No estaba furioso, simplemente decepcionado. Realmente decepcionado porque mi Jeep y yo habíamos pasado por muchas situaciones juntos.

Allí parado en el camino de entrada, tomé conciencia de que había llegado el momento de inclinarme por la dependencia. Pensé en Lynn y me pregunté cómo se las estaba arreglando en su propia adaptación a lo mismo. Sin duda, podía haber salido y comprado un auto. Pensé en sustituir el Jeep aquella tarde de la colisión con Lynn, pero algo me frenó. Aquel mismo sentimiento volvía a surgir en mí al contemplar la mancha de aceite del día anterior en la entrada. Confesión: no me gusta necesitar a nadie para nada, y siempre ha sido así. Soy abogado, con mi propia firma, y casi siempre me encuentro en el lado de la ecuación del que da, y muy pocas veces del lado que recibe. Y me gusta que sea así. A la mañana siguiente del robo de mi Jeep, decidí que sería el primer día de una nueva lección. Decidí que aprendería a depender de otros.

※

Ha transcurrido casi un año desde que me robaron el Jeep y no lo he sustituido. No es que intentara volverme ecologista; solo quería aprender sobre la dependencia. De modo que me dirigí a la tienda de monopatines local. Compré una tabla larga sector 9 para ir y venir al trabajo. El primer día, aún no había salido del camino de entrada, cuando me caí. Al hacerlo, mi primer pensamiento fue que Lynn podría pasar por allí y pensar que había sido culpa suya. Pero ahora me manejo bastante bien. Eso sí, todavía no puedo hacer piruetas al dar las curvas, pero sí puedo hacer el caballito. Salvo ir en monopatín al trabajo, durante el año siguiente necesité que otras personas me llevaran a todas partes. Reuniones, aeropuerto, o sencillamente a hacer un recado. Si quería ir a algún sitio, tenía que pedirle a la dulce María que me prestara su auto o que uno de los chicos me llevara. Ella sentía de una manera más profunda que la necesitaba y tuvimos que esforzarnos juntos en casi todo. Me veía obligado a tomar prestadas las cosas de los demás en casi todo. Para un tipo al que no le gusta necesitar nada, esto resulta bastante humillante. Hasta mis propios hijos me decían que repostara combustible en sus coches cuando se los pedía prestados. «Y una cosa, papá, no lo vuelques», me decían guiñándome un ojo mientras me lanzaban las llaves.

Ser dependiente me ha ayudado a ver el mundo de una forma nueva. Ya no voy tan apurado como antes. Suelo salir hacia el trabajo y regresar con una gran sonrisa, porque soy el único abogado de mediana edad, en toda la cuadra, que va y viene al trabajo con su portátil y subido en un monopatín, haciendo giros por el camino.

••••◉••••

Todavía extraño mi Jeep. A veces, cuando suena el teléfono, tengo la secreta esperanza de que sea la policía que me llama para decir que lo han encontrado. También existe la misma posibilidad de que sea Lynn para volver a disculparse.

Dudo mucho que vuelva a ver mi Jeep, pero no importa; las lecciones que me enseñó siguen viviendo en su ausencia. He mejorado en esto de recibir perdón, espero que «gotear» a Jesús un poco más, y, desde luego, estoy más cerca de mi familia. No obstante, para ser sincero, creo que debería conseguir un coche muy pronto. En mi casa todo el mundo se escapa cuando entro a la cocina, agarro sus llaves, les meto una tostada en la boca y salgo corriendo a la calle o entro a sus habitaciones. No importa. Si en mi casa no encuentro quien me lleve, siempre puedo llamar a Lynn y ver si me presta su auto.

....

CAPÍTULO 20

AVENTURAS A LOS DIEZ AÑOS

Solía pensar que conocer a Dios era como hacer un viaje de
negocios con él,
pero ahora sé que en realidad me está invitando a vivir una
aventura.

L a dulce María y yo hicimos un pacto al principio de nuestro
matrimonio: cuando cada uno de nuestros hijos cumpliera diez
años, tenían que hacer un viaje con papá. Lo llamamos «aventura a los diez años». La idea era sencilla. Los niños podrían escoger
algo del mundo que captara su imaginación, avivara su fantasía o
encendiera su curiosidad, y, a continuación, iríamos juntos a reali-
zarlo. No había planes ni preparación, ni se pensaba en los detalles.
Simplemente íbamos y lo hacíamos.

Lindsey fue la primera en llegar a los diez y le encantaban las
reuniones para tomar el té en casa. Había oído hablar de un acontecimiento llamado «té elegante» que tenía lugar en los hoteles de
lujo, al que había que ir muy bien vestido y se tomaban pequeños
sándwiches y té. Me preguntó si la llevaría allí.

—Puedes apostar que sí. ¿Adónde quieres ir?

—No estoy segura. ¿Dónde toma la gente mucho té? —inquirió Lindsey.

—Creo que en Londres —fue lo que se me ocurrió.

—¡Fantástico! Eso es lo que elijo para mi aventura de los diez años. ¿Cuándo nos vamos?

Tomé el teléfono y encontré un par de billetes baratos con British Airlines para Londres. Una semana más tarde nos fuimos. La mayoría de las grandes aventuras funcionan así. Uno no las planea ni se espera a tener todos los detalles controlados, sino que sencillamente se hacen.

En una aventura de los diez años, la meta es hacer todo lo que se pueda durante el tiempo del que se disponga. Uno no sabe dónde se va a alojar, qué va a comer ni ninguno de los demás pormenores que suelen acompañar a un viaje. Durante tres días, los niños y yo nos comprometíamos a aprender el uno del otro y del mundo a través de lo que experimentábamos en él y no de lo que habíamos oído sobre él o lo que hubiéramos planeado. Son las únicas reglas. Y esto es precisamente lo que lo convierte en una aventura y no en un programa.

Existe una relación especial entre un padre y una hija, y creo que es algo que Dios diseñó así a propósito. No se me escapa que, de todos los nombres que Dios podría haber elegido para que nos dirigiéramos a él, la mayoría de las veces utilizamos el de «Padre». En mi opinión es porque tiene el mismo tipo de relación en mente para nosotros que la que yo tenía para mis hijos. Creo que la mejor tarea de un padre es ponerse de rodillas, inclinarse sobre la vida de sus hijos y susurrar: «¿Adónde quieres ir?».

Dios nos invita cada día a esta misma clase de aventura. No es un viaje al que nos envía con un rígido itinerario; sencillamente nos invita. Dios pregunta que es lo que él nos ha hecho amar, lo que capta nuestra atención, lo que alimenta la profunda e indescriptible necesidad que tiene nuestra alma de experimentar la riqueza del mundo que él ha creado. Entonces, inclinándose sobre nosotros, susurra: «Vayamos a *hacerlo* juntos».

Lindsey y yo aterrizamos en Londres y nos pusimos inmediatamente en acción: no hubo espera para contrarrestar el *jetlag* ni tampoco equipaje que recoger. Vimos todo lo que pudimos abarcar en tres días. Visitamos el Palacio de Buckingham, el río Támesis, la Torre de Londres, la inmensa rueda de ferris London Eye. Corrimos por Hyde Park descalzos, intentamos hacer sonreír a un guardia que llevaba un gorro de piel de oso, fuimos a ver una obra de teatro en West End, comimos *fish and chips* y dijimos «*quite*» al hacer un brindis con refresco, levantando nuestros meñiques hacia la reina. No descansamos, no dormimos ni sabíamos dónde alojarnos, pero nada de eso importaba. Y, por supuesto, lo último que hicimos antes de regresar al aeropuerto fue tomar aquel té elegante en el Ritz.

Nos sentamos, con ojos soñolientos, en una pequeña mesa bellamente decorada y con un perfecto estilo británico. Un estoico camarero nos trajo las cosas ricas que habíamos pedido y solo había tomado el primer minisandwich cuando miré frente a mí y vi a una niña de diez años que algún día tendría treinta y cinco, y llevaría a sus propios hijos a vivir la misma clase de aventuras. Y pensé en lo que Dios ve cuando nos mira. Así como yo imaginaba a mi hijita de diez años con treinta y cinco, imagino que él verá en qué nos convertiremos nosotros también, si empezamos a responder que sí a sus invitaciones y perseguimos aquellas cosas que él nos ha hecho amar. Tampoco está todo planeado para nosotros, y por eso la mayoría de la gente se pone muy nerviosa a la hora de dar el siguiente paso. Pero tienes que saber algo: cuando Jesús nos invita a una aventura, él moldea aquello en que nos convertimos con lo que sucede a lo largo del camino.

Richard cumplió diez, y, apenas había soplado las velas de cumpleaños, cuando se volvió hacia mí con la firme decisión de un tipo que acaba de escalar el Everest y pronunció dos palabras: «Half Dome».

Rich quería escalar la parte trasera del Half Dome en su aventura de los diez años. No quería hacerlo en un momento cualquiera, sino en medio del invierno durante una tormenta de nieve. Me gustaron sus agallas. Aquella tarde fuimos a un proveedor especializado y escogimos unas mochilas, una tienda, un par de sacos de dormir y algunas botas. Aquella noche apagamos los rociadores y establecimos nuestro campamento base en el patio trasero, cocinamos melocotones secos congelados en nuestra hornilla de camping, nos contamos historias de hombres, e investigamos la ruta para escalar el Half Dome en un mapa topográfico que ninguno de los dos sabíamos interpretar. Para su aventura de los diez años regían las mismas normas. No habría paradas ni dormiríamos, ni detalles. Tan solo una gran idea, una disposición a ir y un padre que quería llevarle allí.

Vigilamos el tiempo. Una noche, cuando parecía que la primera tormenta de la temporada estaba a punto de abatirse sobre Yosemite, cargamos el auto frenéticamente, entramos en él de un salto y viajamos toda la noche. Llevábamos alimentos de todos los grupos alimenticios necesarios —barras de dulce y hamburguesas In-n-Out— y pasamos nuestro tiempo de trayecto charlando sobre cómo sería culminar juntos el Half Dome en medio de la nieve.

Nos estacionamos al pie de Half Dome justo al amanecer en el valle de Yosemite. En cuestión de minutos nos habíamos colocado las mochilas y empezamos a escalar. Bien entrada la tarde, la tormenta que habíamos presagiado se situó sobre nosotros. A medida que la tormenta se asentaba, montamos el campamento en la base de una sección pendiente del monolito de granito y decidimos que nos resguardaríamos durante la noche y que daríamos el empujón hasta la cima por la mañana. Aquella noche dormimos por rachas ya que más de un oso rodeó la tienda buscando cualquier tipo de comida que no estuviera adecuadamente colgada en los árboles. Afortunadamente no les interesaban los burritos de saco de dormir rellenos de humanos. Los osos rozaban de vez en cuando la tienda de nilón, pero ambos fingíamos que no era para tanto (aunque, en realidad, sí que lo era). Es lo que hacen los tipos cuando comparten una aventura: no hacen de todo un problema. Lo importante es que están juntos.

Rich y yo nos despertamos por la mañana ante una espesa manta de nieve. Tras una taza de café para mí y un par de barras de dulce para Rich, nos dirigimos más arriba por la montaña, por encima de la línea de los árboles. Half Dome debe su nombre a su aspecto parecido a un inmenso círculo de mármol cortado por la mitad de arriba abajo. Por esta razón puede ser muy traicionero a la hora de escalar, porque no hay árboles ni agarres en el granito donde apoyar los pies. La capa de hielo y nieve de la noche le daba un aspecto más deportivo a la escalada.

Durante la subida, Rich iba atado a mí con una cuerda de escalar de color rojo brillante. Yo treparía unos cuantos pasos, abriendo puntos de apoyo en la nieve a patadas y él subiría siguiendo mis pasos a la vez que abriría otros mientras fuésemos subiendo por la empinada pendiente. Cuando llegamos al punto alto, pudimos ver que una tormenta aun mayor se cernía sobre nosotros y supimos que pronto no tendríamos ninguna visibilidad.

En el camino de bajada, yo daría un par de pasos y luego Rich haría lo mismo. Cada vez, yo tomaba sus pequeños pies con mis manos y los guiaba desde abajo al siguiente apoyo que habíamos abierto juntos en la nieve. Estábamos demasiado entusiasmados para sentir miedo y demasiado comprometidos en aquel momento como para pensar en nada más. Ocho horas más tarde habíamos llegado al valle y viajamos de regreso a casa, deteniéndonos solamente para comprar más hamburguesas In-n-Out.

Creo que Dios se parece más a alguien que escala el Half Dome que a alguien que se hospeda en el Hampton Inn. Jesús no nos invita a un viaje de negocios. Él nos propone que vayamos tras las cosas que nos inspiran, que nos desafían, y nos invita a experimentarlas juntos. No necesitas un montón de detalles, maletas ni equipo, solo la disposición a entrar en una tormenta con un Padre que va abriendo puntos de apoyo en los empinados laterales de nuestros problemas, mientras nosotros también abrimos un par de ellos más. Nos guía hasta esos huecos para apoyar nuestros pies con sus fuertes manos, mientras estamos bien a salvo y bien atados a él por una cuerda roja brillante de gracia que nos sostiene con toda seguridad. En todo esto, el terreno por el que navegamos no parece, en cierto modo, tan atemorizante, porque cuando vamos de aventura con Dios estamos demasiado entusiasmados para sentir miedo, y demasiado comprometidos para pensar en nada más.

·····◦◦◉◦◦·····

Adam cumplió los diez y le oí decir que quería montar en una motocicleta por el desierto. Aquello parecía bastante sencillo, en realidad algo moderado para él. Sin embargo, parece ser que yo no había oído bien. Dijo que quería *cruzar* el desierto en motocicleta... algo muy distinto. Intenté bloquear las imágenes que llegaban a mi mente de huesos blanqueados por el sol, calaveras de vaca y tipos arrastrándose por el desierto con cantimploras vacías y camisas hechas jirones alrededor de sus cabezas. Sinceramente, no estaba seguro de que pudiéramos hacerlo, pero imaginaba que lo sabríamos en breve. Llenamos el tanque de las motocicletas y nos marchamos al día siguiente.

Cualquier actividad en la que se pueda perder un ojo, un brazo o una pierna, es el lenguaje de amor de Adam. De modo que, cuando llegamos al desierto, nos dirigimos a las dunas de arena. Eran muy diferentes de aquellas que medían tres metros, por las que yo rodaba cuesta abajo en la playa en mi infancia. Estas medían más de doscientos metros de alto. Una vez empezabas a subir por uno de esos monstruos en una motocicleta, tenías que llegar arriba sin detenerte. Si vacilabas o intentabas hacer una pausa a mitad de camino, caías rodando lateralmente con la moto encima hasta llegar abajo. Se consigue o se falla, porque no hay intermedio.

Tras coronar varias dunas de arena inmensas con Adam y perderle de vista por un momento, oí que su motor aceleraba justo por encima de la siguiente duna. Me dirigí hacia el lugar de donde me llegaba el ruido y, al instante, me di cuenta de que pretendía saltar desde la cima de una a la de la otra. Yo gritaba «¡No!» desde el otro lado de un cañón de arena y parecía la secuencia de una película a cámara lenta tomada mientras Adam subía a toda velocidad y alcanzaba el pico de la duna a más de noventa kilómetros por hora. Casi de inmediato, él y su moto se separaron. Fue todo un espectáculo, de veras que sí. Tenía el aspecto de Supermán y de un faisán con un disparo en la panza. Aterrizó treinta y cinco metros después, rodeado por los trozos metálicos de los restos del vehículo que montaba. Sus primeras palabras cuando me precipité hacia él fueron: «Simplemente espectacular». ¿Y sabes una cosa? *Ciertamente lo fue.* Aunque las cosas no salieron conforme a lo previsto, y Adam se estrelló y se quemó, él había obtenido una inmensa sensación de logro de todo aquello.

•••◦•◉•◦•••

Creo que Dios ve del mismo modo nuestros intentos fallidos. Nos ve volar sobre el manillar a cámara lenta, y aunque no quiere vernos heridos, sabe que de vez en cuando puede suceder cuando vivimos una vida de compromiso total. Opino que también ve los resultados antes de que sucedan y nos llama por encima del ruido de nuestra vida, advirtiéndonos de que algo no va a salir bien. Como Adam, algunas veces no oímos la llamada de aviso, subimos a toda marcha y terminamos patas arriba en la arena. Cuando recobramos el conocimiento, nos sacude el polvo, nos ayuda a ponernos de pie y nos oye decir: «Simplemente espectacular». Más de una vez, cuando me he estrellado y quemado, he sentido que se acerca a mí tras recoger los pedazos de mi vida y me susurra: «¿Sabes una cosa? *Ciertamente lo ha sido*».

Los muchachos y yo oímos que había niños y niñas pequeños en la India que corrían una aventura de los diez años de diferente tipo: en realidad, la peor de todas. Los traficantes de esclavos indios, llamados *mudelalis* esclavizan a niños pequeños de la edad de los míos. Con el fin de saldar una presunta «deuda» ilegal de una cantidad tan pequeña como diez dólares, las familias campesinas suelen entregar a un hijo o una hija a un traficante de esclavos, como trabajadores garantizados. Este tipo de tráfico es ilegal en la India, pero decenas, por no decir cientos de miles, de niños de casta inferior se ven atrapados en él cada año. A raíz del trabajo que estaba haciendo en el país, supe que había cuatro niños retenidos en una cueva detrás de la casa de un traficante de esclavos llamado Gopal. Mis hijos y yo salimos aquella semana en dirección a la India para intentar sacarlos.

Viajamos a Chenai, al sur del país, y, desde allí, a un pueblo pequeño anodino, a unas quince horas en el interior de la selva. Un contacto local aceptó sacar clandestinamente a los niños de la cueva a la una de la madrugada, cuando el traficante no pudiera notar que se habían ido. Llegamos al punto de encuentro y miré atentamente por las ventanas mientras mis hijos tomaban las huellas dactilares a los niños y documentaban sus historias para poder informar de su encarcelamiento ilegal al jefe de gobierno local.

Dos semanas después recibimos fotografías de soldados asaltando la sucia cueva de Gopal para liberar a los cuatro niños. Liberaron, asimismo, a otros treinta en la aldea local que estaban bajo el control de otros traficantes de esclavos. Así es el amor: su impacto se multiplica como los panes y los peces.

Aunque los discípulos de Jesús eran mayores, debieron sentirse como mis hijos en sus aventuras de los diez años. Presenciaron gozo y sufrimiento, triunfo y tragedia, y, al final, solo había un hombre, una idea, y una invitación sin apenas detalles. Ellos eran iletrados y tan corrientes como mis hijos o cualquiera de nosotros. A pesar de todo, no necesitaban los detalles, porque estaban viviendo una aventura con el Padre que quiso llevarlos. No te hace falta saberlo todo cuando estás con alguien en quien confías.

Probablemente esa fue la razón por la que los discípulos nunca dijeron que estuvieran en viaje misionero. Creo que ya sabían que el amor ya tenía un nombre y no necesitaron programa ni ninguna otra cosa para definirlo. Nosotros tampoco. El tipo de aventura al que Jesús nos ha invitado no requiere rellenar una solicitud ni tiene requisitos previos. Solo hay que decidir aceptar la oferta que nos hace un padre que quiere que vayamos.

....

CAPÍTULO 21

EL AUDÍFONO

Solía pensar que Dios no quería hablarme,
pero ahora sé que soy selectivo con lo que elijo escuchar.

Durante mi primer año de matrimonio, la dulce María estaba convencida de que yo tenía un problema de audición, de modo que pedimos una cita para hacerme un examen. Una semana más tarde, me presenté en la consulta del médico del oído y me condujeron a un estudio de prueba que tenía un aspecto muy oficial. Me entregaron unos auriculares de alta tecnología y unos controles de mano con un botón rojo en la parte superior que debía pulsar cuando oyera un sonido.

El doctor no sabía qué tan mala era mi audición, y, para gastarle una broma, iba a hacer que me indicara por gestos dónde sentarme o señalaría mis oídos todo el tiempo sacudiendo la cabeza para que ella pensara que no la podía oír. En el último minuto decidí no hacerlo... lo dejaría para la próxima vez. Una vez me colocó los auriculares, volvió a su cabina y me observó a través de una ventana de cristal. Yo esperaba que me hiciera oír algo de Van Halen, pero ella no paraba de enviarme unos sonidos muy aburridos a través de los auriculares para determinar cuáles se encontraban dentro de mi campo de audición.

Fuimos pasando, pues, tono tras tono. Unos horribles sonidos de arañazos sobre un encerado. Estridentes e insoportables silbidos para perro que me producían ganas de aullar. Tonos tan bajos que Barry White los habría envidado. En un principio me iba bien con el examen, pero conforme fuimos progresando, encontré una forma de hacer trampas. Cada vez que la doctora enviaba un tono a través del sistema levantaba la vista para ver si yo lo oía. Cada vez que ella me miraba, yo pulsaba el botón. Pero no importaba, porque de todos modos podía escucharlos. Me estaba luciendo en aquella prueba. Estoy seguro de que, de existir unas olimpiadas de audibilidad, sería el portador de la antorcha que los guiaría a todos hasta el estadio.

Tras un extenso examen que cubrió toda la gama de frecuencia conocida por el hombre, nos sentamos para repasar juntos los resultados. La doctora confirmó que oía perfectamente. Resultó que mi «problema de oído» no era tal. Podía oír muy bien. Lo que ocurría es que estaba siendo perezoso y selectivo en lo que oía, desintonizando todo lo que no deseaba oír. Durante el informe del diagnóstico, la dulce María daba golpecitos con el pie y me miraba de mala manera. Le dijo a la doctora que llevaba algún tiempo diciéndome que mi oído estaba bien y que el problema era que no escuchaba. No recuerdo haberla oído decir nada de eso.

Me di cuenta de que lo que frustraba tanto a la dulce María, y con razón, era un problema parecido al que tengo con Dios. Es decir, solo oigo de él aquello que quiero oír, y esto hace que me pregunte si no estará pensando que me estoy quedando un poco sordo.

Dios no habla conmigo con una voz que haga moverse las agujas de audio, pero hay veces en que siento algo muy adentro, casi como si alguien acabara de hacer sonar un diapasón en mi alma. Tampoco se trata de una de esas cosas de «lo sé, porque lo sé». Creo que podemos concretar los tirones inconfundibles de la voz de Dios porque sabemos otras cosas sobre su carácter y su naturaleza. Por ejemplo, sabemos que Dios nos ama y lo bien que nos parece el perdón.

También conocemos algunas verdades sobre el mundo, como el amor que tenemos en nuestra familia, y cuánto nos han gustado siempre los días de lluvia, las hamburguesas con queso y todas esas cosas. De todo ello podemos tener una idea de cómo nos ha cableado Dios y utilizar una combinación de nuestro corazón y sus verdades para movernos en una cierta dirección.

Algunos describen su relación con Dios como una narrativa continua que incluye un debate audible. En mi época de la facultad, en el sur de California, vivía con un montón de surfistas que describían cómo oían la voz de Dios. A veces era algo así... «Entonces dije: "Eh, Dios, ¿qué pasa con esto?" y entonces él respondió: "Eh tipo, no te preocupes, todo está bien"». (Al parecer, Dios se dirige a los surfistas como «tipos» o «eh, chico».) Ellos replicaban: «¿¡De ninguna manera!?». Y, entonces, Dios les decía «Yahvé» o cualquier otra cosa igual de bíblica.

Sinceramente, todo esto me desconcertó por un momento, porque cuando yo estaba atento a la voz de Dios no oía nada. Ningún susurro cósmico. Ningún rollo de película con subtítulos. Ninguna vocecita suave; tampoco una que retumbara ni que se dirigiera a mí como «tipo» o «eh chico». Me pregunté si estos surfistas no estarían haciendo trampas como yo en la consulta de la doctora. Quizás fingían oír, solo porque alguien como yo miraba.

No es que no le haya pedido a Dios que me hable. Le he pedido un párrafo, una frase, una palabra. Hasta le he preguntado si podía comprar una vocal. Le he dicho que si me dice una sola cosa que yo pueda oír, no se lo diré a nadie. Lo guardaremos bajo el privilegio de cliente-abogado... pero aun así, no he oído nada.

Por tanto, en lugar de perder el tiempo preguntándome por qué no percibo voces audibles, intento escuchar mejor con el corazón y he tomado conciencia de un par de cosas que ahora me parecen... ¿cómo lo diría?... obvias. Dios no me habla con una voz perceptible porque no es un ser humano: él es Dios. Le encuentro sentido, porque las personas están limitadas, mientras que él no tiene ningún tipo de limitación. Se puede comunicar con nosotros de cualquier manera que le apetezca, en el momento que él quiera: mediante flores, otra gente, una sensación incómoda, un sentimiento de gozo, piel de gallina, un talento recién hallado o una apreciación que vamos adquiriendo con el tiempo. No tiene por qué ser algo grande y místico como mis colegas surfistas lo pintaban.

Nunca he visto una combinación de ramas de árbol que se pareciera a Juan el Bautista ni una formación de nubes que se asemejara a Jesús. Sinceramente, solo veo ramas y nubes. Sin embargo, sí veo la belleza que hay en ellas, y la hermosura que me rodea y que Dios creó para ti y para mí. Sobre todo, veo la evidencia de Dios en las vidas de otras personas. Y lo bello que veo en ellas siempre se me parece terriblemente a Dios. Me pregunto si aquellos que están pendientes a oír voces o que buscan formas en las nubes no se estarán perdiendo el susurro de la creación de Dios, porque, de alguna manera crean que es una forma inferior de comunicación, como un mensaje de texto en lugar de todo un libro en audio. Quizás sea cosa mía, pero en todo esto y a pesar de lo que a veces siento como un impedimento, casi puedo leer sus labios que me dicen de forma inaudible: *Mira cuánto te amo.*

Cuanto más he prestado oído a Dios, más cuenta me he dado de que tampoco comprendo siempre lo que se trae entre manos en tiempo real. Algunos hablan con enorme autoridad sobre lo que Dios está haciendo *ahora mismo*. Y a mí me sorprende, porque nunca puedo entenderle con tanta rapidez. Por lo general soy capaz de comprender lo que Dios está haciendo, porque lo veo a través del espejo retrovisor. Solo entonces consigo conectar los puntos, e incluso entonces, el resultado puede ser un dibujo bastante dudoso. Quizás por ello la Biblia usa la analogía de mirar oscuramente a través de un espejo para describir lo que solemos hacer. Nos explica que ahora mismo solo comprendemos «en parte» y que un día, después de habernos ido, lo haremos «por completo». Esto tiene más sentido para mí porque significa que nuestro entendimiento siempre tendrá vacíos, y esos vacíos son buenos porque son espacios que Dios rellena.

Sin embargo, hasta que esos vacíos sean llenados, es necesario que opere según mi mejor conjetura. Tengo que escuchar ese diapasón interno. Algunos se avergonzarían al pensar que mucho de lo que hacemos se basa en lo mejor que se nos ocurre sobre los deseos u objetivos de Dios. Pero estoy siendo sincero. ¿Por qué falsearlo? Tomo los puntos fijos del carácter de Dios y mi cableado particular y, a partir de ahí, extrapolo. También existen muchos datos invariables, de modo que no tenemos de qué preocuparnos. Hay cartas escritas desde celdas penitenciarias y relatos de los evangelios con respecto a la forma en que Dios ve al mundo y a nosotros. Existen narraciones de lo que Jesús dijo y, a veces, hasta de lo que no pronunció. Todos estos son buenos indicadores y deberían ser suficientes. Además, no deberíamos hablar sin una seguridad de la que, en realidad, no disponemos, como si fuéramos los relacionistas públicos de Dios y arriesgarnos a citar erróneamente al Dios del universo que podría convertirnos en un montón de sal. Estas consideraciones me ayudan a ser más respetuoso y humilde a la hora de atribuirle algo a Dios.

La mayoría de los personajes de las Escrituras no oyeron la voz audible de Dios, aunque, en un momento, a Moisés se le diera su versión audio y una tabla de piedra. Lo que la Biblia describe con respecto al encuentro de Moisés con Dios es muy parecido a lo que él hace regularmente conmigo. Es decir, Dios no le dio a Moisés lo que este le pidió. Él quería ver el rostro de Dios así como yo quiero oír su voz. La respuesta de Dios fue que se metiera en la hendidura de una roca y él pasaría por delante. Sin embargo, cuando lo hizo, le tapó los ojos a Moisés con la mano para que solo pudiera ver sus espaldas. Yo siento lo mismo.

Creo que Dios pasa delante de mí muchas veces y esto sirve para mostrarme en qué dirección va. No siempre sabemos adónde se dirige ni qué esperar a lo largo del camino. Pero creo que la *dirección* es el punto, la parte y la totalidad de la cuestión. Él quiere seguidores y no se conforma con espectadores o gente que toma apuntes. Además, creo que Dios sabe que si yo descubriera algo más que la dirección en la que él va, probablemente intentaría llegar antes que él. Y si me dijera algo audible, sin duda yo lo estropearía y lo entendería mal.

Hace poco me encontraba en el aeropuerto con mi hija Lindsey. Debatíamos si Dios tiene, o no, un plan para nuestras vidas como mucha gente comenta. Entonces envié un mensaje de texto a una de sus amigas. El mensaje comenzaba así: «Hola, estoy aquí sentado con Lindsey». (No quería irritarla). «Quiero saber cuál es tu plan para mi vida». Unos minutos después, su amiga respondió a mi mensaje. Solo decía: «¿¿??». Podía imaginar la cara de esta chica pensando: *¿Mi plan para la vida de Bob? ¿Por qué debería tenerlo?*

Lindsey y yo seguimos charlando durante unos cuantos minutos; entonces me llegó otro mensaje de texto de su amiga. Decía: «Bob, mi plan para tu vida es que ames a Dios». Luego, unos minutos después, entró otro: «Bob, mi plan para tu vida es que las cosas que estás haciendo en Uganda salgan muy bien»; y uno más: «Mi plan para tu vida es que ames a tu familia». Cada uno de los mensajes de texto recogía sencillamente algo de lo que esta amiga sabía de mí, de Dios, de mis gustos, de lo que yo amaba y de lo que era bueno para mí, y se había limitado a formar un plan con todo ello, o, dicho de otro modo, una esperanza y una dirección para mí.

Era como si me dijera: «Bob, ¿recuerdas esas cosas que te han hecho vibrar? ¿Esos regalos tan hermosos? ¿Esos países y esa gente tan importante para ti? ¿Ese Dios a quien amas? Sigue en esa dirección». Y esas cosas hacia las que me estaba orientando no eran místicas ni difíciles de localizar. Solo me siguen dirigiendo al Dios al que estoy intentando seguir, a la gente y los lugares a los que me he visto arrastrado, y a las esperanzas que han surgido dentro de mí. Jesús también hace esto; nos orienta hacia sí mismo.

No creo que Dios me esté sometiendo a un «tratamiento de silencio» porque esté enojado conmigo. Pienso que la esperanza y el plan de Dios para nosotros es bastante fácil de entender. Para quienes se hacen eco de las fórmulas, aquí tienen: suma toda tu vida, tus amores, tus pasiones y tus intereses en aquello de lo que Dios quiere que nos ocupemos, según manifestó, y tendrás la respuesta. Si quieres conocer la respuesta a la pregunta aun más importante —¿cuál es el plan de Dios para el mundo entero?— abróchate el cinturón: somos nosotros.

Somos el plan de Dios y lo hemos sido siempre. No se supone que seamos meros observadores, oyentes o que tengamos un montón de opiniones. No estamos aquí para que todos sepan con qué estamos de acuerdo y con qué discrepamos, porque, francamente ¿a quién le importa? Háblame del Dios al que amas; de lo que ha inspirado exclusivamente en ti; de lo que vas a hacer a ese respecto y, a partir de ahí, será muy fácil descubrir cuál es el plan para tu vida. Imagino que me estoy refiriendo a que la mayoría de nosotros no recibimos un plan audible para nuestras vidas. Incluso mejor que eso: estoy diciendo que tenemos el privilegio de ser el plan de Dios para todo el mundo orientándolo hacia él.

Como no consigo la versión audible de Dios, también busco una evidencia en los lugares donde ha estado Jesús. Es parecido a lo que Lucas le dijo a un joven llamado Teófilo, en la Biblia. Le indicó que procurara encontrar muchas pruebas convincentes de que Jesús sigue vivo. Como abogado, esto me suena a recolectar todo tipo de evidencias, como intentar encontrar huellas dactilares divinas. De modo que me he venido dedicando a esto último desde entonces. Las busco tanto en las cosas que creo entender como en aquellas que estoy seguro de no comprender en absoluto. Intento dilucidar la dirección en la que se mueve un Dios inaudible. Para ello, utilizo cada pequeño indicio que él haya dejado en la Biblia, en mi vida, y a mi alrededor con ese propósito. ¿Y quieres que te diga una cosa? ¡Funciona!

Tengo un despertador, una computadora y libros en casetes que me hablan. Hasta tuve un sistema de navegación en mi coche, antes de que me lo robaran, que también lo hacía. Podía hasta imitar el acento. Me gusta el que suena como si mi mayordomo británico condujera el auto. A veces, para divertirme, cuando me acompañaba algún invitado cambiaba el idioma para que diera las instrucciones en chino mandarín. ¿Pero sabes una cosa? A pesar de ello llegábamos a nuestro destino. Del mismo modo, en mi comunicación con Dios no necesito escuchar palabras que reconozco en todo momento, para saber en qué dirección quiere que vaya. Existe toda clase de información adicional que me sirve para determinar mi dirección.

¿Podría Dios hablarme de forma audible si quisiera? Por supuesto, y espero que lo haga alguna vez; ya te contaré. Y lo haré en un libro titulado *Dios me habló*. Hasta ese momento, parece ser que lo que Dios hace la mayor parte del tiempo cuando tiene algo que decir es esto... No nos pasa mensajes, sino que nos pasa los unos a los otros.

....

CAPÍTULO 22

EL MARIONETISTA

Solía temer a ser auténtico porque tal vez podrían herirme,
pero ahora sé que ser genuino significa que, de seguro, me van a herir.

Cuando los muchachos estaban creciendo, yo solía pasar con frecuencia frente a esta galería de arte que era muy *chic*. Siempre echaba un vistazo y admiraba los trabajos de artesanía de alguna gente talentosa. Un día, al pasar por allí vi, colgada en la pared, la pintura más espléndida que jamás había contemplado. Se titulaba *El marionetista*. No soy un coleccionista de arte, eso está claro, pero me pareció una pintura estupenda. Cada vez que pasaba por la galería, aplastaba mi nariz contra el escaparate y articulaba las palabras: *Sí, vas a ser mía.*

El marionetista es una pintura al óleo que representa a un tipo ya mayor, con toda su familia reunida en torno a él, que mueve los hilos de una marioneta y los hace reír. Se diría que está contándoles una historia extraordinaria. Me gustaba el cuadro, porque siempre me he imaginado a mí mismo así como el marionetista, con mis hijos y nietos reunidos a mi alrededor algún día. Esa pintura también me recuerda cómo Jesús nos invita a agruparnos en derredor de él mientras nos cuenta historias fascinantes sobre una vida mejor y más importante, y un amor más noble.

Le pregunté al tipo de la galería cuánto costaba el cuadro. Empezó a soltarme su charla comercial con un acento titubeante y confuso, y me resultaba difícil seguirle. Me dijo que no se le llama pintura, sino «pieza». Imagino que, al ser tan cara, le cambian el nombre. En fin.

Según él, la pintura era obra de un pintor maestro europeo, de ochenta años. Solo con mirarlo sabía que hasta ahí lo que decía era verdad. El vendedor también añadió que el artista se estaba quedando ciego (sí, seguro). Le estaba dando mucho bombo al asunto y dijo algo acerca de que estaba pintado con un pincel especial. Esperaba que dijera que la brocha estaba hecha del único pelo de la cola de un unicornio. Ya lo había pillado. Era un cuadro verdaderamente hermoso, cosa que al menos explica por qué costaba más que mis cuatro primeros coches juntos. Aun así, deseaba aquella pintura más que la comida. Así que empecé a ahorrar.

Me llevó todo un año reunir el dinero. Para el último empujón estaba dispuesto ofrecer para la venta a nuestro perro en un sitio web de mercado libre, pero tras una reunión familiar, esa idea quedó descartada. Eso no me disuadió de mi meta. Finalmente llamé al tipo de la galería y le avisé de que pasaría aquella tarde a recoger la pintura. Cuando entré allí, había dos cuadros esperándome: dos pinturas exactas de *El marionetista*.

—¿Por qué hay dos? —le pregunté al tipo del acento titubeante y confuso.

—Bueno —contestó manejándose con una facilidad absoluta para parecer condescendiente y hábil—, el de la *izquiegda ez* el *buen. Calidade* de *museó*. Es muy *caro*, casi in*valogable*. No se *cuelga* el *ogijinal* donde se *puedr estgopeag*. Este lo *pone* en una *caxa fuegte*. Sin embargo, este *otgo* —prosiguió, dando una palmada irreverente al otro cuadro idéntico—, es *falso* y es *paga poneg* en la *paged* para que todos lo *vean*.

—¿Me dan uno falso junto con el original? —inquirí.

En mi vida había escuchado nada igual.

—Sí —me espetó.

Querido lector, permíteme preguntarte: ¿cuál de los dos cuadros colgarías en la pared? Yo también. Colgué el original y arrumbé el falso en algún rincón de un armario.

Entiendo por qué el tipo de la galería me aconsejaba exhibir el falso y esconder el bueno, para mantenerlo a salvo. El original podría estropearse y habría sido una pérdida enorme. Era arte genuino de un artista maestro que no duraría mucho en esta tierra. Era raro, único en su especie e irremplazable.

Si vienes a la casa Goff, ven armado. Nos enfrascamos en unas batallas de gomas elásticas increíbles. Y no me estoy refiriendo a las guerras de gomas que los niños de la escuela elemental mantienen con el repartidor de periódicos. Nosotros somos más nucleares y nadie está a salvo. Cuando los niños estiran una goma elástica hasta los treinta centímetros más o menos, puede levantar un verdugón del tamaño de una fresa en el lugar donde te alcance.

Suelo comenzar la mañana sentándome en una silla en concreto de mi casa. Se encuentra justo enfrente del lugar donde está colgado el cuadro de *El marionetista*. Me encanta empezar el día con una taza de café, un pequeño fuego y contemplando cómo mi amigo el marionetista deleita a su familia. A través de las ventanas de luz dividida observo cómo sale el sol por encima del agua con unos colores demasiado hermosos a veces para ser reales. El cuadro del marionetista está perfectamente ubicado entre dos ventanas que invitan a sus espectadores a contemplar el que parece ser su próximo espectáculo, que acaba de empezar.

Cuando observo el cuadro me recuerda cómo será mi futuro. Hace que recuerde lo que en verdad vale en la vida. Me recuerda historias como las que Jesús contó. Entonces pienso en cuánto me gusta que sea el original el que cuelga de la pared y no el falso.

Hace algún tiempo, me levanté por la mañana, me serví el café, encendí un pequeño fuego y absorbí la hermosura de los colores que cubren la bahía con las primeras luces del alba, mientras ocupaba mi sitio mañanero habitual. Al alzar la mirada hacia el marionetista, dispuesto a darle los buenos días a mi amigo, se me descolgó la mandíbula.

La noche antes, y es todo lo que puedo decir, el marionetista había recibido una goma elástica en toda la cara. No es una broma. Había una marca en mitad de su casi invalorable frente.

Se me escapó un grito ahogado y me derramé café encima cuando salté de mi silla para verlo más de cerca. En efecto, el marionetista había recibido un disparo en la cabeza. En su favor diré que no dejó caer a la marioneta aun estando herido de muerte. Una cosa: mis hijos dicen que no fueron ellos y que creen que fue mi goma elástica la que lo liquidó. Pero he enviado el cuadro al laboratorio criminal del FBI... y fueron los niños. Al menos, esa es mi versión.

Ya ha pasado algún tiempo desde que el marionetista se llevó el golpe, pero sigo disfrutando de mi rutina mañanera. Todavía ocupo mi silla favorita cada mañana, me tomo un café, enciendo mi fuego, observo el amanecer y contemplo mi pieza de arte favorita, el cuadro original de *El marionetista*. Su belleza aún me sobrecoge. ¿Pero crees que veo el daño cuando lo contemplo cada mañana? En absoluto. No estoy furioso ni decepcionado en lo más mínimo. Y la razón es simple: la marca de la goma elástica me recuerda a mis hijos de una forma exacta y cariñosa.

Veo a mis retoños y la vida comprometida que hemos pasado juntos hasta el momento. Considero todas las travesuras, la fantasía y la combustión espontánea que son su marca de calidad. Detecto cuando me acechan con las gomas estiradas, en lo alto de las escaleras y a la vuelta de las esquinas, cuando regreso a casa por la noche después del trabajo. A decir verdad, ahora me gusta más el cuadro original del marionetista con la marca de la goma elástica.

Ha habido momentos en mi vida en los que he intentado hacer el bien y no ha funcionado como pensé. Me he metido en muchas travesuras, me lo he jugado todo a una posibilidad, y hasta he corrido enormes riesgos. Algunas veces, durante el proceso, he defraudado a la gente o las cosas no han salido bien y he recibido una o dos gomas elásticas en la cabeza. A todos nos ha pasado. Pero después de que dispararan al marionetista, entendí que Dios no piensa menos de nosotros cuando las cosas fallan. En realidad, creo que lo planifica. Lo que no planifica es que saquemos una versión falsa de nosotros mismos para que se lleve el golpe. Dios es el artista maestro e hizo una versión original de nosotros, una de valor incalculable cuya creación le costó todo. Una versión que no se puede —ni se podrá—, repetir jamás.

Nos pide que la colguemos para que todos la vean. A pesar de nuestra belleza inherente, cada uno de nosotros siente la tentación de esconder el original para que no se dañe. Y entiendo por qué, de verdad que sí. No es que la falsa versión de nosotros sea menospreciable. Sencillamente es *menos apreciable,* porque no es más que una copia del «nosotros» real; una versión que no nos importa tanto. Cuando colgamos la falsa versión por ahí, no es la que Dios creó. En ese sentido, es como un impostor, un farsante, un doble que nos sustituye y le dice al mundo que eso es lo mejor que tenemos o lo máximo que vamos a arriesgar. Y cuando sacamos la versión barata y falsa de nosotros mismos, es probable que la mayoría de las veces demos una mala impresión de Dios, como si fuera una pésima imitación de Elvis.

La Biblia dice que los amigos de Dios son una nueva creación. Según oí, la forma en que esto funciona consiste en que la vieja versión se va y se pinta una nueva original. Puedo entender mejor esa ilustración, porque he comprado una pintura cara y también me endosaron una copia barata para que pudiera esconder el cuadro verdadero. Ahora sé que nuestro valor infinito, la obra maestra original que somos, está colocada en nosotros, porque el artista es Dios y no nosotros. Lo mejor que podríamos exhibir por nuestra cuenta sería una falsificación.

Dios nos invita a ser una nueva creación, arte original y a vivir una vida de compromiso. Te pide que dejes la imitación barata en un armario en cualquier sitio. Cuando cuelgas ahí afuera tu verdadero yo —el de incalculable valor— tampoco te asegura que las cosas vayan a ir de lo mejor. Si observamos a los seguidores de Jesús, pasados y presentes, veremos con claridad que cuando arriesgas tu yo verdadero, lo más probable es que recibas un golpe. Le ocurrió a Dios cuando colocó a Jesús allí afuera. Pero si de una cosa estoy seguro es de esta: cuando nos llevamos golpes, y es algo que seguirá ocurriendo, Dios no va a pensar menos de nosotros, sino que se levanta temprano, enciende un fuego, se sienta en su silla favorita y mira fijamente a la obra maestra original que hizo en nosotros. ¿Y sabes una cosa? Nos ama aun más, con nuestras marcas de gomas elásticas y todo.

....

CAPÍTULO 23

AMIGOS, BIENVENIDOS A CASA

Solía pensar que para seguir a Dios se necesitaba mucha navegación,
pero ahora sé que lo único que necesito es una línea y un círculo.

D esde que estaba en la escuela secundaria siempre quise hacer un viaje por mar que fuera realmente largo. En realidad, un amigo y yo decidimos que un día cruzaríamos el Océano Pacífico hasta Hawaii. Desde 1906, cada dos años se celebra una regata desde Los Ángeles hasta ese archipiélago. Se la conoce como la Regata Transpac. Por motivos de seguridad, las normas requieren que los barcos que compiten tengan una eslora de trece metros y medio o más, y una tripulación completa. Sin embargo, ese año en particular cambiaron las reglas para permitir que otros barcos más pequeños pudieran participar, de modo que nos inscribimos con un velero de diez metros y medio.

Ahora bien, una eslora como esa no parece pequeña en un principio, hasta que caes en cuenta de que no es más que el doble de lo que mide un Toyota Camry y un poco más estrecha. Una vez le restas el extremo puntiagudo, te viene a quedar el tamaño de un autobús Volkswagen de los años sesenta, atiborrado con veinticinco enormes sacos de velas, un salvavidas, seis cajas de chile marca Stagg, seiscientas botellas de agua, cinco tipos y un inodoro portátil. Ahora que lo pienso, así sigue luciendo hoy día el interior de muchos autobuses Volkswagen de los sesenta.

El plan era sencillo. Navegaríamos unas dos mil seiscientas millas a través del océano en nuestro autobús VW a siete millas por hora mientras que Dios tiraría tres latones de los de basura llenos de agua helada en las ventanillas cada dos minutos; entretanto, nosotros comeríamos chile y contaríamos historias varoniles sobre nosotros mismos.

Se suponía que seríamos seis. Ninguno de nosotros tenía idea de navegación y no queríamos saltarnos Honolulu, de modo que le pedimos a un amigo nuestro que fue piloto de un destructor de la Armada de Estados Unidos que nos acompañara. Asintió, de manera que ya teníamos a nuestro impostor. Estábamos adquiriendo estilo.

Navegar en una regata no era tarea fácil. No se puede utilizar un GPS para saber dónde estás, sino que se requiere que cada uno de los barcos se rija por las estrellas y el sol. Para ello, nuestro piloto tenía medio metro de libros, almanaques en su mayoría, que hacían una estimación de lugar en el que se hallarían el sol o los planetas en un momento particular. Con estos y la ayuda de un sextante que te sitúa con respecto al sol y las estrellas, se podía hacer un complicado cálculo para dilucidar exactamente el lugar en el que te encontrabas. Lamentablemente, unos días antes de la regata, la armada cambió las órdenes de nuestro piloto. No podía acompañarnos. Ya no marcábamos estilo.

La regata empezaría pronto, de modo que, al día siguiente, echamos a suertes quien reemplazaría al piloto. Siempre he odiado esas pajitas. Al no venir con nosotros, se llevó con él todo su equipo: las montañas de libros, el conocimiento y hasta su fantástico sextante. Me había dejado tomarlo en mis manos una sola vez y recuerdo haberlo dirigido hacia el cielo como Galileo, pero no tenía ni idea de cómo utilizarlo. Estábamos metidos en un buen lío, así que corrí al almacén de suministros marítimos local y, por quince dólares, compré un sextante de plástico y el tipo del pasillo tres me instruyó durante veinte minutos sobre su manejo. Después de todo, tampoco iba a ser tan difícil, ¿no?

Él me dijo que existe una forma complicada de usarlo como es debido. Implica observar los cielos y encontrar unos cuantos puntos fijos. Luego se consulta lo que se encontraba en aquel medio metro de libros y se hacen un montón de cálculos. Si los haces correctamente, puedes adivinar con bastante precisión dónde te encuentras, algo que por otra parte resulta verdaderamente sorprendente. Luego, a partir de ahí, hay un centenar de matices que se deben tener en cuenta para saber exactamente dónde estás: la época del año, el océano y el hemisferio, la altura de la ola en el momento en el que estás realizando la observación, a qué distancia de la superficie del mar te hallas, lo que comiste para almorzar, y tu color favorito, supongo. La cabeza se me nublaba mientras el tipo del pasillo tres iba enumerando la lista de las cosas que yo debía considerar para hacer un cómputo preciso de nuestra localización exacta. Me pregunté qué hacía ese chico allí vendiendo piezas de barcos, anclas y pintura de fondo. Se expresaba como alguien que tiene un doctorado en astrofísica.

A los veinte minutos interrumpí a Copérnico y le expliqué que zarpábamos para Hawaii en tres días y que no podía seguir mucho de lo que acababa de indicarme para calcular mi situación. «¿No existe una forma más rápida de utilizar el sextante para conseguir un cálculo aproximado fiable?», le pregunté. «¿Algo como lo que hicieron Colón, los vikingos o Kon Tiki? Estoy seguro de que no se quedaron enrollados alrededor del eje con todos los detalles ni que tuvieran medio metro de libros para consultar y dilucidar dónde estaban. ¿Existían libros en esa época?».

El tipo del pasillo tres se inclinó hacia adelante y bajó la voz como si me invitara a un programa de protección de testigos. «Está bien, tiene que hacer esto...». Me indicó que debería llevar al sextante de plástico a cubierta, orientarlo hacia el cielo y tomar una lectura cinco minutos antes del mediodía, a las doce, y cinco minutos después. Al hacerlo tendría un par de puntos fijos desde el sol y, a partir de ahí, podía averiguar dónde estábamos dentro de un círculo de unas sesenta millas.

El agua cubre alrededor de doscientos veinticinco millones de millas cuadradas de toda la superficie de la tierra. Imaginé, pues, que si podía encontrarme dentro de un círculo de sesenta millas, en algún punto de una línea que señalara hacia Hawaii, me sonaba lo suficientemente cerca. Mi plan general era dirigirme hacia el oeste hasta recalar; me parecía bastante simple y directo. Las islas hawaianas son numerosas, por tanto imaginé con toda sinceridad que si llegábamos a alguna de ellas en lugar de hacer nuestra primera recalada en Japón, ya sería un logro.

La otra cosa que adquirí en la tienda de suministros marítimos, antes de zarpar para Hawaii fue un mapa. Era tan grande como la mesa, pero, en realidad, no proporcionaba demasiada información. Solo mostraba un inmenso espacio vacío entre la costa occidental, por un lado, y Hawaii por el otro. No soy oceanógrafo, pero imaginé que todo lo que había en medio era agua. En la esquina superior había una brújula impresa. Tenía una *N* muy grande en la parte superior, por lo que deduje que me estaba indicando dónde estaba el norte... bueno era saberlo. Cuando todo lo que le rodea a uno es agua, está claro que no hay punto de referencia alguno que te ayude a orientar tu dirección. No estaba demasiado seguro de cómo una *N* nos podría ayudar a llegar hasta Hawaii.

Supuse que no importaba. Tenía una vara de medir y coloqué un extremo sobre la línea de partida en Los Ángeles y el otro sobre Diamond Head en Oahu. Luego tracé una línea recta. Fue bastante fácil. Por la rosa de los vientos deduje en qué dirección debía gobernar el timón; con ello, tomé mi mapa, mi regla, mi sextante de plástico y me dirigí al barco.

Existe una técnica de navegación que me ayudó en la Regata Transpac y que, por lo general, también me ha señalado la dirección correcta en la vida. El concepto de navegación se conoce como «navegación a estima». La idea es sencilla, de modo que la tengo en la cabina del timón. Implica utilizar la brújula para obtener el rumbo a partir de dos puntos fijos y luego trazar una línea desde cada uno de ellos hacia ti con el fin de determinar la posición en la que te hallas.

Cuando desconozco dónde estoy o lo que Dios quiere que esté haciendo, algo que ocurre a menudo, intento orientarme a partir de dos puntos fijos de los que me pueda fiar. Uno es Jesús. Ya sé que suena a respuesta de escuela dominical enlatada, y no me suelen gustar, pero es la verdad. Calculo mi posición a partir de lo que sé acerca de Jesús. Pero no es un Jesús gravado por la religión, la denominación ni los revestimientos culturales. Considero lo que él tenía que decir sobre dónde estoy y luego trazo una línea desde él hasta mí.

El otro punto fijo que utilizo es un grupo de personas que siento que Dios ha colocado en mi vida, algo así como una especie de gabinete. Esta gente tiene sus áreas particulares de sabiduría y experiencia de las que yo me sirvo para intercambiar ideas y obtener su aportación. Yo, a mi vez, formo parte de los gabinetes de muchos de mis amigos y también de los miembros de mi familia. Por ejemplo, estoy en el de mi hija Lindsey. Me he autonombrado como responsable de su seguridad interna. La gente de mi gabinete me ayuda a hacer un poco de navegación a estima en mi vida, porque me oriento con su consejo como otro punto fijo en mi vida y trazo una línea desde ellos hasta mí.

Desde estos puntos, la navegación a estima resulta muy fácil. El punto de intersección de todas estas líneas corresponde al lugar donde Dios quiere, probablemente, que esté. Creo que navegar una relación con un Dios vivo puede resultar así de fácil, y el cálculo tampoco es difícil. Es Jesús más nada.

Yo solía pensar que seguir a Dios requería formulas complicadas. Creía que necesitaría un montón de libros para poder averiguar exactamente en qué lugar me encontraba en cada momento. Imaginaba que si medía constantemente la distancia entre Dios y yo, me acercaría más a él. Desde un principio, la gente religiosa que conocía me explicó todo tipo de matices para poder realizar este tipo de cálculo espiritual. Sugirieron que dijera ciertas cosas en mis oraciones, que tuviera momentos de recogimiento, que asistiera a los estudios bíblicos y que memorizara versículos de la Biblia. Decían que necesitaba saber cómo exponerle a alguien que Dios podía ser una persona y un espíritu al mismo tiempo. Me instaron a saber cómo Dios volvería un día, pero que algunas personas estarían aquí y otros faltarían, porque sería un tiempo de gran tribulación. Me indicaron que, para conocer a Dios, necesitaba saber un montón de cosas primero. Sinceramente, me sonaban mucho al tipo del pasillo tres. Sin embargo, me di cuenta de que lo único que tenía que saber al respecto era la dirección hacia la que yo señalaba y que estuviera en algún lugar dentro del amplio círculo del amor y el perdón de Dios.

He hecho algunas mejoras en mi vida y un sinfín de correcciones a mitad de camino. Más de un par de veces he navegado cuestiones potencialmente desastrosas y he necesitado una dirección más exacta y específica. En esos momentos he tenido los recursos necesarios para poder dilucidarla. Sin embargo, la mayoría del tiempo, aunque el tipo del pasillo tres y alguna gente religiosa sufrirían por ello, apuntar en la dirección general correcta me ha ido bastante bien. Creo que esto se debe probablemente a que me veo flotando en el inmenso mar del amor de Dios. El círculo de su gracia y perdón es lo bastante grande, y la línea que conduce a él lo suficientemente larga, como para que no necesite andar midiendo sin cesar la latitud y la longitud con el fin de encontrarme a mí mismo. Te voy a decir cómo lo hago. Encuentro a Jesús, me mantengo orientado hacia él y permanezco en algún lugar dentro de ese círculo. Eso es todo. Puedes guardar tu sextante y tus almanaques.

·••◆•••

Existe una tradición en la Regata Transpac, acabes cuando acabes, aunque sea a las dos de la madrugada. Cuando atracas en el puerto de Ala Moana en Oahu, hay un tipo que anuncia el nombre del barco y a cada miembro de la tripulación que ha hecho el viaje. Hay un enorme altavoz y su retumbante voz atraviesa la corriente de vientos y da la bienvenida a casa a cada persona. Es el mismo tipo de siempre, y lleva décadas anunciando la llegada de cada barco al final de cada una de las ediciones de la Regata Transpac.

Te voy a evitar la mayoría de los detalles del viaje. Solo te voy a decir que consistió en un montón de agua, unos chicos malolientes, exageradas historias de virilidad, un montón de carne en lata y de chile. Justo cuando llegamos al final de nuestras provisiones cruzamos la línea de meta cerca de Diamond Head, y entramos al puerto. Faltaban pocas horas para el alba. Habían transcurrido dieciséis días desde que zarpamos de Los Ángeles en nuestro pequeño barco, sabiendo muy poco de navegación. De repente, una voz retumbante anunció el nombre de nuestro diminuto barco por un altavoz rompiendo el silencio. De la forma que lo dijo, sonaba como si fuéramos del tamaño de un portaviones. A continuación, empezó a anunciar los nombres de nuestra variada tripulación como si estuviera presentando a jefes de estado. Uno por uno fue recitando nuestros nombres con evidente orgullo en su voz, y fue verdaderamente un momento emotivo para cada uno de los que estábamos a bordo.

Cuando llegó al mío, no habló de las pocas habilidades que yo tenía para la navegación ni del rumbo zigzagueante por el que había llevado el barco hasta llegar allí. No le comentó a nadie que yo ni siquiera sabía hacia dónde estaba el norte ni se refirió a todas mis demás meteduras de pata. En vez de ello, me dio la bienvenida al llegar de la aventura, como un padre orgulloso. Cuando acabó, hubo una pausa y, después, con una voz sincera, sus últimas palabras para toda la tripulación fueron: «Amigos, ha sido un largo viaje. Bienvenidos a casa». Por la forma en que lo dijo, se nos llenaron los ojos de lágrimas y tuvimos que luchar contra ellas. Me sequé los ojos mientras reflexionaba en ese momento acerca de todas las incertidumbres que habían acompañado al viaje, la navegación descoordinada y lo poco que sabía. Pero nada de eso importó, porque habíamos acabado la regata.

Siempre he pensado que el cielo debe ser una experiencia parecida. He leído en algún lugar de la Biblia que hay un libro de la vida. No creo que esté lleno de ecuaciones ni tampoco que sea una mera lista de nombres. En mi opinión debe ser más parecido a un libro de vidas, de historias. Apostaría que trata sobre gente que viaja en la dirección de Jesús, intentando seguirle. Gente como yo que comete un montón de equivocaciones y realiza correcciones a mitad de camino. Habla de gente que permaneció dentro del gran círculo de su amor y gracia, manteniendo el rumbo en una larga línea orientada hacia él. Y sus nombres no figurarían en el libro por las cosas que hicieron ni por las que dejaron de hacer, sino por quién es Dios y por lo que ha hecho para trazar un círculo alrededor de ellos.

Después de que cada uno de nosotros crucemos la línea de meta de nuestra vida, me imagino que será como entrar flotando al puerto hawaiano, cuando anunciaron nuestros nombres, uno por uno. Y, al final, quizás las sencillas palabras de un Dios amoroso y orgulloso serán: «Amigos, ha sido un largo viaje. Bienvenidos a casa».

....

CAPÍTULO 24

DESHAZTE DE LA CAPA

Solía pensar que debía hablar sobre todo,
pero ahora sé que es mejor guardar algunos secretos.

¿Conoces la película *Los increíbles*? En el film hay un papá super-héroe, y está cansado de su trabajo de oficina. Vende seguros, creo, pero sabe que ese no es su verdadero yo. De modo que comienza a garabatear en su bloc de notas, y a dibujar diferentes trajes de superhéroes, porque quiere volver a ser quien se suponía que debía haber sido. La mayoría de los atuendos que diseña llevan capa, porque así es como se viste la mayoría de los superhéroes, y quiere ser igual a ellos.

Tiene una amiga, Edna, que hace uniformes de superhéroes, y cada vez que le muestra uno de los dibujos que ha hecho, ella le dice que se deshaga de la capa. Le muestra video clips de superhéroes que llevaban capa y, al final, esta les supuso grandes problemas, como quedar enganchados en algo o que los succionara el motor de un avión, o algo peor. Esta es su razón para mi frase favorita de toda la película: «Nada de capas». Creo que su argumento es que uno puede hacer muchas más cosas sin capa. Y creo que Jesús está de acuerdo con esto.

Me parece que cada vez que Jesús hacía algo increíble, le decía algo similar a la gente que estaba cerca. Resucitó a una niña, ¿y qué advirtió?: «No se lo digáis a nadie». Se encontró con un tipo leproso y lo sanó, y pidió: «No se lo digáis a nadie». Curó a dos ciegos y, antes de seguir, les amonestó: «No le digáis nada a nadie». En un mundo dirigido por la autopromoción y el efecto, Jesús nos dejó un modelo distinto. Decía que, en lugar de contarle constantemente a la gente lo que estamos haciendo, hay una forma mejor. Una que no precisa una capa que se pueda enganchar en algo... algo como nosotros mismos. Quizás Jesús prefiera que seamos secretamente increíbles. Este era su plan de autopromoción. La gente secretamente increíble guardan aquello que hacen como uno de los secretos mejor guardados de Dios, porque el único que debe saberlo, el Dios del universo, ya está al tanto.

Ser secretamente increíble va en contra de la corriente que afirma que, para hacer algo increíble, tiene que comprar muebles y un portátil, iniciar una organización, tener una declaración de misión y trabajar incesantemente en un credo. Este tipo de personas sencillamente *hace cosas*. Sin lugar a dudas, las declaraciones de misión pueden tener un propósito y los credos también, supongo, ¿pero son realmente necesarios? No lo creo. La mayoría de las veces, las declaraciones de misión no son más que una o dos frases pegadizas acerca de lo noble de la tarea y, quizás, por implicación, de nuestra propia nobleza. La verdad es que la labor sería aun más noble si no habláramos de ella y nos dedicáramos a llevarla a cabo. No se trata de ser reservado, misterioso o exclusivo. De lo que trata es de ser increíbles, pero sin capa.

Por lo general, solo los religiosos saben lo que es una declaración de fe. Te garantizo que el tipo del restaurante allá en la esquina lo desconoce. Ellos son los únicos que determinan la palabra o la frase que se necesita para adaptarse a su criterio de fe o su doctrina. Sus vidas no sufren cambio alguno por ello, por supuesto, ni la tuya tampoco. Hacer que este tipo de gente concuerde con unas declaraciones de fe o credos detallados y minuciosos es lo mismo. Es como si uno quisiera hacer que el dueño de un Chrysler se sienta bien por tenerlo. Yo preferiría cambiar toda la jerga religiosa por la oportunidad de invitar a una persona a que experimente a Jesús.

¿Quieres una declaración de misión que vaya bien con ser secretamente increíble? Muy bien, aquí la tienes: «Sé maravilloso». Nada más. Si quieres seguir el ejemplo de cómo Jesús hacía las cosas, eso es probablemente todo lo que escribiría en lugar de nuestras declaraciones doctrinales sin sentido. Pero aun hay más. No creo que Jesús quiera que hagamos una declaración que marque tendencias, que seamos atrevidos ni tampoco que nos promocionemos en camisetas y pulseras todo el tiempo. En mi opinión, Jesús quiere que escribamos «Sé maravilloso» en una camiseta interior, donde no se puede ver, y no en la parte trasera de una sudadera con capucha.

Jesús apenas habló con nadie acerca de lo que había hecho. La Biblia nunca describe uno de esos pases de diapositivas de final de campamento en el que repase todo lo que ha hecho con los discípulos. Más bien nos dio ejemplo de que no necesitamos hablar de todo lo que hemos hecho. Es como si preguntara qué pasaría si solo tuviéramos que hacer cosas maravillosas e increíbles mientras estuviéramos aquí, en la tierra y que bastara con que solo él lo supiera. Si actuáramos así, no nos confundiríamos a la hora de saber quién hace realmente que las cosas ocurran. Como es de esperar, también haríamos más cosas, porque no nos importaría quién estuviera mirando ni a quién se le va a atribuir el mérito. Toda esta energía se canalizaría en grandiosidad. Sin embargo, incluso entonces, no caigas en el engaño de que si hacemos cosas increíbles Jesús nos va a querer más. No puede. Ya lo está haciendo. Y, mucho más que eso: nuestras fotografías ya están en su cartera.

Había dos tipos llamados Judas, entre los doce que siguieron a Jesús. El Judas malo, el que traicionó a Jesús y al que todos conocemos, y el Judas bueno, también conocido como Tadeo. Nunca había oído hablar de él. Me lo puedo imaginar diciéndoles a todos, durante el resto de su vida: «Llamadme Tad». También me puedo figurar que, probablemente, sería el primer tipo que querría entrar en un programa de protección de testigos.

Después que Jesús se marchó, sus seguidores decidieron que necesitaban añadir a otro apóstol para reemplazar al Judas malo. Los requisitos eran claros: tenía que haber estado con Jesús todo el tiempo que pasó en la tierra, y un tipo formal. Los apóstoles pensaron en dos hombres.

Uno de ellos se llamaba Matías, y el otro se apodaba Justo. No estoy muy seguro de cómo se echaba suerte entonces. Sinceramente me suena bastante a piedra, papel, tijera. De alguna manera, escogieron a Matías. Recibió el visto bueno y, desde entonces, estuvo en todas las vidrieras. Pero siempre me he preguntado qué ocurrió con Justo. No volvemos a oír hablar de él, aunque hizo todo lo correcto, presenció todo lo bueno, sabía quién era Jesús y fue un tipo fiel.

El caso es que «Justo» me suena mucho a «justo como nosotros». Los planes de Dios están llenos de gente «justo como nosotros»; es más, diría que la mayoría pertenecemos a esa clase, gente que no tiene capa ni aparece en las vidrieras. Tan solo se nos da la oportunidad de hacer lo que Dios quiere que hagamos sin mucha fanfarria.

Aunque perdiera en el sorteo de piedra, papel, tijera, apuesto a que Justo fue uno de aquellos tipos secretamente increíbles que lo siguió siendo. Tenemos la misma posibilidad. Que te pasen por delante puede parecer una gran ofensa. Pero no lo es. Se trata de gente como nosotros que puede ser secretamente increíble y conseguir que se haga el máximo. Así es como funciona la economía inversa de Jesús. Dios ama a los humildes, y, con frecuencia, estos no suelen ser los seleccionados en la primera ronda para los trabajos, con grandes títulos o posiciones. Sin embargo, siempre parecen ser los elegidos en la primera ronda de Dios cuando busca a alguien a quien usar de una forma extraordinaria. El mensaje de Jesús es sencillo. Todos tenemos la oportunidad de ser maravillosos si lo deseamos. Como es lógico, la mejor forma de hacerlo es siendo secretamente increíble.

No sabemos quién bajó a un amigo a través del tejado para ponerle delante de Jesús. No se nos dice los nombres de ninguno de los tipos que tomaron parte en aquel numerito. Sin embargo, no me sorprendería que hubiese sido gente justo como nosotros, y que llevaran una camiseta interior que dijera «Sé maravilloso». Y te apuesto algo más: No llevaban capa.

....

CAPÍTULO 25

DIOS ES BUENO

Solía pensar que Dios era bueno parte del tiempo,
pero ahora sé que es bueno siempre.

Tenía un amigo llamado Don Valencia, y lo echo mucho de
menos. Era otro de esos tipos secretamente maravillosos. Tenía
más o menos mi edad cuando nos conocimos. Le encantaba
mochilear, pilotar un auto a toda velocidad, escalar montañas y contaba historias sobre dormir por encima de la línea de los árboles o
correr con su automóvil durante veinticuatro extenuantes horas sin
parar, solo para saber si era capaz de hacerlo. Aunque yo no soy
alpinista ni hago carreras de auto, cuantas más historias me contaba
Don sobre estas cosas, más valiente me sentía ante aquello a lo que
me tuviera que enfrentar.

Todos tenemos amigos como él, esa gente asombrosa que parece
vivir al filo de la muerte. Debe ser porque en ese borde es donde se
sienten más vivos, donde tienen la mejor perspectiva de la vida. Un
paso mal dado, o un movimiento incorrecto y todo acaba, y es donde
se dan cuenta, una y otra vez, de lo hermoso que es el lugar en el que
se encuentran, donde viven, respiran y aman bien. ¿Has notado que

mucha gente que confía en Dios parece predispuesta a vivir cerca del filo?

El amor de Don por la aventura se trasladaba a su trabajo como biólogo celular. No estoy muy seguro de lo que se hace exactamente en esta profesión, pero sé que tiene que ver con ser muy inteligente. Sin temor a la muerte, desde el principio de su carrera, Don jugó con algunas de las enfermedades más devastadoras del mundo, mediante la liofilización de células para su posterior estudio. De forma literal, liofilizaba la muerte y la ponía bajo el microscopio. Era como si tuviera un llavero lleno de llaves de accesos que se abrían a una existencia mejor y se pasó la vida deslizando llaves en cerraduras para ver si las podía abrir. Estoy seguro de que le parecería irónico que Dios pudiera redimir algo tan feo como una enfermedad y la convirtiera en una puerta que condujera al gozo, la libertad y la cura.

Un día, mientras se preparaba para viajar con su mochila, decidió utilizar su técnica de liofilización en el café. Le encantaba tomar una taza de café en la ladera de una montaña, pero era muy exigente en cuanto a su preparación. Ninguno de los instantáneos que se vendían en los supermercados le agradaba. Anduvo probando con diferentes granos y tuestes hasta que, un día, Heather, su esposa, se detuvo en una pequeña cafetería recién abierta de Seattle. Pensó que su marido podría utilizar unos tipos de café que encontró allí. Los llevó a casa como Juan y su legendaria mata de habas. Don los liofilizó y descubrió que ese nuevo café no solo era bueno; era asombroso. Compartió este mejunje con otros amigos mochileros y nadie podía creer que el café hubiese sido liofilizado. Creo que después de llegar a las montañas juntos, a cierta altitud, y tomar una taza juntos, sus amigos no dejaron de buscar dónde estaba escondida la cafetería donde Don conseguía el café recién hecho.

Aquella pequeña cafetería de Seattle que Heather descubrió se multiplicó en franquicias, de modo que Don decidió compartir su creación con el director general, un tipo llamado Howard Schultz, famoso por Starbucks.

Howard abrió el paquete que Don le había enviado y probó el café liofilizado, seguramente con gran escepticismo. No tardó en tomar un avión y visitar a Don en su cocina. Conversaron durante horas, mientras este le explicaba el proceso utilizado para conservar el sabor del grano. En menos que canta un gallo, Howard contrató a Don. No es ninguna broma: Don Valencia se vio de repente viviendo en Seattle, al frente del departamento de investigación y desarrollo de Starbucks. Lejos de trabajar en la mesa de la cocina, ahora disponía de un laboratorio multimillonario para sus experimentos.

La gente que asume inmensos riegos no le teme al fracaso. De hecho, le encanta fallar, por significa que han hallado el filo. Don creó algunos productos estupendos para Starbucks, aunque no todos funcionaron. Por ejemplo, ¿has oído hablar de Mazagran? Yo tampoco. Era un refresco gaseoso con sabor a café que Don inventó y que Starbucks lanzó hace ya muchos años. El único problema era que... no le gustaba a nadie. A Don no pareció afectarle la decepción. En realidad, una de las primeras veces que le visité, entré en el camino de acceso a su casa y vi la placa de su licencia que decía con orgullo «Mazagran». El tipo celebraba los impresionantes fracasos como yo mis mayores éxitos.

Don le enseñó a mucha gente lo hermoso que resulta fallar. Además, demostró lo bello que es seguir intentando, a pesar de todo, proseguir adelante y amarse lo suficiente a uno mismo como para aceptar bien los errores. Ese mismo espíritu de aventura y dedicación por redimir el error fue el que le llevó a crear la ciencia que se halla detrás de un mejunje helado con sabor a café llamado Frappuccino. Este acabó teniendo éxito.

Don siguió perfeccionando su café liofilizado, compartiéndolo con amigos mochileros y en los círculos internos de Starbucks. A todo el mundo le gustaba, pero durante décadas, la empresa no tuvo muy claro cómo ponerlo en el mercado. Creo que les preocupaba que ese producto pudiera dañar a la marca que Starbucks había establecido al servir el café recién colado y de la más alta calidad. Los deliciosos cristales liofilizados de Don llegaron, sin embargo, a unas cuantas personas de modo que Starbucks se vio obligado a darle al proyecto nombres encubiertos como «polvo de estrella», «aguja del espacio» e incluso «tiburón». Si trabajabas cerca de Don, e ibas de camino a escalar el Monte Rainer o a correr una aventura en la Pacific Crest Trail, podías conseguir una escasa provisión de su mejunje. Imagino que ver cómo cambiaba de manos una bolsita de «polvo de estrella» y se deslizaba en la mochila de un compañero de trabajo junto al picahielos y los crampones sería lo más parecido al tráfico de droga.

Casi dos décadas después, el secreto de Don seguía oculto. Por aquel entonces, había dejado a Starbucks y había decidido lanzarse, junto con su familia, en diferentes aventuras. Aunque siempre había sido un gran amante de las personas, sentía un creciente interés por servirlas de maneras más tangibles. Se unió a la junta directiva de una fantástica organización llamada Agros que sirve a gente pobre en áreas rurales en Centroamérica, México y otros lugares del mundo donde las necesidades son inmediatas y enormes. Durante un tiempo, Don se llevó a su familia a Centroamérica para que pudieran sumergirse en la cultura y el servicio. Don se sintió más cerca de Dios en la aventura de ayudar a la gente de lo que jamás había experimentado al borde de un acantilado e hizo que su pasión por todo lo demás se quedara pequeña en comparación.

Poco después de regresar, en un viaje a Whidbey Island con la junta directiva de Agros, Don comenzó a sentir un dolor terrible en el costado. Le llevaron al hospital y le diagnosticaron de inmediato que tenía un cáncer de hígado y pulmones de grado cuatro con metástasis. Ahora luchaba contra las mismas enfermedades que había estudiado durante años bajo el microscopio.

Durante su valiente lucha contra el cáncer, siguió viviendo su espíritu de riesgo y aventura. Era evidente que nunca tuvo miedo a morir y empezó a hacer una crónica de su viaje. Leí sus cartas y sus correos con otras muchas personas, y su espíritu de amor, esperanza y expectativas fue inexplicable. Decía que sentía como si bailara en el borde del cielo; pero no tenía miedo. Era casi como un comercial que le contara a todo el mundo lo bueno que era tener cáncer. Así de entusiasmado se sentía por la oportunidad de vivir un día más, de respirar una vez más, de aprender una cosa más acerca del carácter de Dios. Quería pasar de bailar en el *borde* del cielo a estar *en* él.

Estoy seguro de que lamentaba tener que dejar atrás a su esposa y sus dos hijos cuando entrara al cielo. Luchó por ellos contra la enfermedad y le pidió a Dios que le dejara estar un poco más para poder crear tantos recuerdos como fuera posible con la gente a la que más amaba. Cada vez que escribía una carta o un mensaje, acababa con estas palabras: «Dios es bueno siempre. Dios es bueno». No era algo que se decía a sí mismo con la esperanza de que fuera verdad. Era algo que sabía con certeza y esperaba que nosotros también fuéramos conscientes de ello, mientras él se hallaba al borde del cielo. Era como si estuviera observando el rostro de Dios a través del agujero de una valla y nos contara lo que veía del otro lado. Cuando Don hablaba, sabías sin dudarlo que Dios era bueno. Y, con cada carta, era como si, de alguna forma, Don forzara la cerradura y dejara abierta de par en par la puerta de la caja fuerte para que pudiéramos mirar en su interior y ver el tesoro.

Don recorrió sus últimos kilómetros con valentía, de un modo hermoso, sabiendo que la muerte no era más que la entrada a algo mejor, algo de lo que solo vemos el rastro en esta vida. Vio el amor de Dios en su esposa y en el gozo que halló en pasar tiempo con sus hijos. Supo que las melodías que oyó desde su balcón en el borde del cielo solo eran tenues canciones, como un canto favorito que no pudiera distinguir todavía, pero del que conocía las palabras aunque su oído no fuera perfecto. Se podía ver en su rostro que un día se uniría feliz al coro, quizás como vocalista de fondo o algo parecido.

Durante nuestra amistad, Don había ido a una casita que habíamos construido en British Columbia, y, en un periodo de energía sorprendente mientras luchaba contra el cáncer, me preguntó si él y su familia podían ir allí para crear un recuerdo familiar. Le dije que por supuesto, e hicimos planes para recibir al hombre que nos estaba enseñando a tantos de nosotros lo bueno que era Dios. Una semana antes del viaje, su salud y su energía se derrumbaron, y tuvo que volver al hospital para seguir luchando contra los efectos de su avanzada enfermedad. Como no quería que su familia se perdiera de un tiempo para recargar sus fuerzas en nuestra casita, Don les pidió que hicieran el viaje de todos modos y le dejaran a él atrás. Él quería que tuvieran un descanso mientras comenzaban una temporada en la que escribirían cada vez menos capítulos juntos.

Nos ocupamos de los detalles del transporte y la comunicación para que pudiéramos llevar a la familia de regreso cerca de Don en caso de que necesitara cualquier cosa, y accedieron a cumplir con sus deseos de pasar un par de días rodeados de la belleza de la ensenada que Don había llegado a amar tan profundamente. Era como si Don enviara a la familia a una aventura para que pudieran volver y contarle todos los detalles —lo que habían visto, olido y experimentado— y él pudiera vivir su historia a través de ellos.

Heather y los chicos llegaron a casa y, mientras la dulce María les daba la bienvenida, llamé a Don y hablamos por teléfono. Estaba en su cama de hospital y hablamos acerca de lo que estaba aprendiendo sobre Dios y cómo su energía iba respondiendo. Luego, nuestra conversación derivó a la posibilidad de una última y gran travesura. Nos reímos ante la idea de hacerle saltar desde el hospital y llevarle a escondidas hasta la casita. Sentí como si estuviera de nuevo en la escuela secundaria, haciendo planes para poner el coche del director sobre el techo y, antes de darnos cuenta de lo absurdo que era, le estábamos dando los últimos toques a nuestra diablura de llevar a Don a la remota ensenada para darle una sorpresa a su familia. Colgamos con el convencimiento de que Dios formaba parte de nuestra diablura, y Don contó al instante con docenas de sus amigos para poder llevarla a cabo. Los únicos que no sabían nada de lo planeado eran sus familiares. Don ideó cómo conseguir que el personal del hospital lo sacara con tubos y todo. Lo metieron en un hidroavión, que le esperaba a unos cuantos kilómetros en Lake Union y el juego había comenzado.

Don estaba débil, sumamente débil. El viaje en avión fue largo. En realidad demasiado. A mitad de camino, el hidroavión se topó con mucha niebla y tuvo que aterrizar hasta que fuera de día. Don llevó a cabo todos los procedimientos médicos típicamente realizados por un equipo de enfermeras. Todo lo hizo en un pequeño baño y debió haberse sentido como cuando uno venda una herida en plena naturaleza, acampado al raso en la pared de un acantilado durante una tormenta de nieve.

A la mañana siguiente, me levanté temprano y escuché los canales de aviación en el cuarto de la radio, en la casita. Entonces hubo un crujido y la interferencia de un amigo que era el piloto. El avión se hallaba a unas cuantas ensenadas de allí y acercándose con rapidez a su familia. Pregunté cómo estaba Don y me contestó que se encontraba casi aturdido por el tremendo dolor y el completo agotamiento del viaje. Me di cuenta de que había vuelto a su lugar... en el borde.

Pedí a Heather y los niños que bajaran al embarcadero con mi familia, y les expliqué que necesitaba ayuda con un pequeño proyecto y un hidroavión que llegaría con algunos artículos que había que transportar. Poco después, al detenerse el motor del avión y dirigirse al final del embarcadero, los entretuve con una tarea detrás de un edificio para que no pudieran ver cuál era la carga sorpresa que transportaba.

Don emergió con una chaqueta roja insulada North Face, como si fuera a realizar el ascenso final a uno de los muchos picos que había escalado en su vida. Cualquier montaña se habría quedado pequeña, sin embargo, comparada a la que acababa de trepar para llegar hasta su familia. Heather, echó un vistazo desde el lugar donde trabajaba y volvió a mirar sin poder creérselo. «¿¡Don!?». Si hubieran salido subtítulos de su mente habrían dicho: *¿Cómo es posible? ¡Se supone que estás en el hospital luchando por tu vida!*

De un salto se puso en pie y en tres zancadas se dejó caer en los fuertes brazos de Don.

Subimos hasta la casita y Don se tumbó en el gran sofá del salón. Los niños se sentaron a sus pies y Heather se echó a su lado. Nuestra familia desapareció en la cocina, pero podíamos oírles hablar suavemente, luego reír, y conversar de nuevo. Hablaron de hacer *snowboard*, fotografía y de las aventuras pasadas y por venir. Heather y Don tenían las manos agarradas y se miraban largamente a los ojos, y, sin levantarse del sofá, bailaron juntos, lentamente, en el filo del cielo.

Don también me regaló una última conversación llena de mucho significado. Yo había llegado a amar mucho a aquel hombre. Cuando la familia se marchó, me eché en el sofá y puse mi cabeza sobre su pecho. Hablamos del cielo y de la eternidad y cómo nos reuniríamos en algún momento. Conversamos sobre la bondad de Dios en todo tiempo, y no solo en algunas ocasiones.

Don partió con Jesús poco después de su última aventura en la casita, y, entonces, Starbucks decidió que había llegado la hora de lanzar su secreto mejor guardado. Lo que Don había creado veinte años antes se convirtió en una realidad. VIA, como se le conoce, se ve en todos los Starbucks del mundo, y lleva el nombre de su inventor más valiente: Don Valencia. ¡Quién sabe cuántos mochileros se habrán sentado en la enorme catedral de las montañas y habrán compartido una taza con un hombre al que jamás conocieron, pero con el que tienen en común el mismo amor por la vida, el riesgo y la belleza! Quizás esos alpinistas que están contemplando los valles desde arriba, observando cómo la niebla sube desde el océano para estancarse sobre los ríos, solo se están sospechando algo que Don Valencia sabe con toda certeza.

Que Dios es bueno siempre. Dios es bueno.

···

CAPÍTULO 26

FUGA DE PRISIÓN

*Solía pensar que había algunas prisiones de las que no se podía escapar,
pero ahora sé que no hay lugar donde podamos ir del que Dios no nos
pueda rescatar.*

—Hola, me gustaría hablar con el Fiscal General Ashcroft, por
favor.

—¿De parte de quién? —inquirió la secretaria al otro
lado de la línea.

—Bob Goff.

—¿Bob qué?

Esto me suele pasar con frecuencia.

La secretaria me dijo que volviera a llamar pasadas dos horas,
algo que me venía muy bien porque había quedado para almorzar
con Charlie, un amigo, y ya iba tarde.

··•◦•◉•◦•··

Una semana antes, Charlie me había pedido que tomara café con él.
Le conocía desde hacía algunos años. Es otro de esos tipos secretamente increíbles que no miden su valía por lo que tienen, sino por

171

lo que estaría dispuesto a abandonar. Es un tipo brillante, graduado de la facultad de derecho y que ha pasado su vida persiguiendo la justicia. Pero todos sus logros eran como serrín en el suelo de un carpintero comparado con su deseo de amar a Dios y expresarlo en lo que hace.

Charlie me comentó que tenía algo en mente y yo estaba deseando saber cómo podía ayudarle, mientras conducía hasta un Starbucks cercano, donde habíamos decidido encontrarnos. Se me adelantó por cinco minutos y ya le había echado el ojo a una mesa al sol.

—Hola, Charlie, ¿qué tal? —le saludé mientras me acercaba.

Tras hablar sobre nuestros hijos y cómo preveíamos que serían los dos meses siguientes, él cambió un poco de postura en su asiento y me imaginé que me iba a enterar de la razón de nuestro encuentro.

—Bob, he estado pensando mucho en esto, y he decidido que quiero utilizar mi formación legal para ayudar a los niños y luchar de forma más directa contra la injusticia —me explicó. Yo asentí con la cabeza.

Podía ver en sus ojos una absoluta determinación, mientras me hablaba de cuánto amaba Dios la justicia y a los niños, y él también. Hablamos de las investigaciones y las redadas que habíamos dirigido en los años anteriores en India y Uganda para ayudar a que los niños salieran de los burdeles y escaparan a otras formas de tráfico. Hablamos de cómo yo esperaba seguir luchando contra los tipos perversos mediante las leyes que estaban en los libros de los distintos países en los que trabajábamos. Charlie estaba concentrado y se inclinó hacia adelante mientras hablábamos; la posición de su cuerpo competía con la de su corazón que ya llevaba la delantera.

Ambos perdimos la noción del tiempo en nuestra conversación, mientras hablábamos de lo mucho que se había conseguido y de cuánto quedaba por hacer. Tras unas cuantas horas, nos retiramos de la mesa y nos pusimos de pie.

—¡Hagámoslo! ¡Cuenta conmigo! —me dijo, tendiéndome la mano.

Me reí para mis adentros porque no le había propuesto nada, y mucho menos un trabajo. Pero él no había pronunciado esa frase como si estuviera solicitando un empleo. Lo hizo como si hubiera creado uno. En todo caso, debo admitir sinceramente que yo sí me sentí como si le pidiera trabajar con él.

Tras una breve pausa, retiré mi mano sonriendo.

—Charlie, eso está hecho. ¿Quieres estar al frente de todas nuestras investigaciones para Restore International?

—Puedes apostar que sí —me espetó al instante.

Tras estas palabras, nos dirigimos cada uno a nuestro auto. A mitad de camino, volví la cabeza y le grité a Charlie:

—Eh, Charlie, ¿te gustaría saber cuánto pagamos por el puesto?

—Claro —me respondió a voces, tres autos más allá.

—¡Escoge una cifra redonda! —le indiqué.

—¡Cero! —contestó riéndose a carcajadas, sin dejar de caminar y sacudiendo la cabeza—. Oye, una última pregunta —me lanzó al llegar a su coche—: ¿Cuáles son los beneficios?

—Que no se pagan impuestos —le respondí también a gritos al meterme en mi Jeep y arrancar el motor.

Charlie dejó su puesto en el FBI y apareció en mi oficina con un par de cajas de cartón con todas sus cosas. En la más grande estaba la placa de su escritorio. «Agente Walker» era todo lo que decía. No puedo mentir, aquello quedó registrado en mi medidor de gente de buena onda. Charlie había trabajado durante años en el FBI, y estaba dispuesto a encontrar una nueva forma de servir a Dios y amar a los niños. Charlie se mudó conmigo al espacio encima del Laundromat, desde donde operamos Restore Internacional. No es una oficina típica, pero hace mucho tiempo decidimos no ser unos abogados típicos tampoco.

Charlie había estado al servicio de varios fiscales generales, incluyendo a John Ashcroft. Le hablé sobre mi llamada a su oficina y le comenté mi plan. Le dije que había pensado arrancar una página del libro de jugadas de niños y que le pediría al fiscal general Ashcroft que me acompañara a Uganda. ¿Por qué no? Le había visto un par de veces en CNN y sentía que estábamos en la misma onda. Yo estaba seguro de que él pensaba lo mismo sobre mí.

John Ashcroft es un hombre impresionante, colmado de integridad y humildad. Lo supe cuando, posteriormente, se jactó ante mí de ser el único hombre que conocía que hubiera perdido una elección contra un tipo muerto. Como ex gobernador de Missouri, había pasado algún tiempo como senador. Su intento de reelección fracasó, sin embargo, su oponente —el gobernador en funciones—, murió trágicamente en un accidente de aviación, días antes de las elecciones. Demasiado tarde para retirarlo de la papeleta de votación, y en un desbordamiento de amor y respeto, el político fallecido se convirtió en la primera persona elegida para el Senado póstumamente. Lejos de estar acabado, John Ashcroft fue, poco después, elegido para ser el siguiente Fiscal General de Estados Unidos y, en el desempeño de dicho papel, dirigió el FBI durante la tragedia del 11 de septiembre, y otros momentos decisivos de nuestra historia.

Intenté muchas veces ponerme en contacto con el general Ashcroft. Un día, inexplicablemente, tuve la oportunidad de hacerle llegar un mensaje para ver si me acompañaba a Uganda para trabar amistad con algunos jueces y el presidente. Estoy seguro de que pensaría: *¿Que quiere que haga qué?*, seguido por *¿Bob qué?*

Hicimos los arreglos necesarios para vernos y nos encontramos unos días después en Washington, DC. El autor de La Ley Patriótica (Patriot Act), el fiscal general Ashcroft debió sentirse más divertido que otra cosa de reunirse conmigo ya que le hablé de una forma rápida y entusiasmada, gesticulando sin parar. «Tiene que venir. Todo el mundo estará allí. Contaremos con el presidente de Uganda, todos los jueces, todo el mundo». Me pidió que le diera todos los detalles sobre el viaje. Hice una pausa, incliné la cabeza y me sentí un poco confuso. Le contesté que *acababa* de proporcionarle todos los detalles y empecé a gesticular de nuevo, mientras le volvía a explicar mi idea. Solo iríamos y veríamos qué sucedía. Ese era el plan. Al final, del mismo modo inexplicable en que habíamos conectado, me dijo que vendría. Poco tiempo después, el agente Walker y yo aterrizamos en DC, el fiscal general Ashcroft se subió al avión y partimos para Uganda.

Yo había contratado seguridad, a causa de algunas tensiones del momento, y, cuando aterrizamos en Entebbe, al menos una docena de tipos con ametralladoras y gafas oscuras nos esperaban al pie de la pista. Nos cercaron; se veían amenazantes al adoptar unas posturas en las que parecían estar cincelados. Miraban hacia el exterior, de espaldas a nosotros. Sentí como si estuviera en un film de acción, pero por primera vez esperaba no ver ninguna explosión. Abandonamos el aeropuerto en un convoy y, cuando hicimos la primera parada para estirar las piernas, pregunté a uno de los tipos armados si podía disparar una corta ráfaga en los alrededores. Me lanzó una de esas miradas de *no me hace la menor gracia*. Quizás más tarde.

Ningún juez de la Corte Suprema había estado en una ciudad como Gulu desde hacía más de dos décadas, a causa de la guerra civil que seguía rugiendo en el norte de Uganda entre el gobierno, por una parte, y la resistencia, el Lord's Resistance Army [LRA, por sus siglas en inglés] por otra. Esto significaba que la justicia estaba paralizada, y había dejado de celebrar vistas en centenares de casos de derechos humanos y otros. Pensé que podíamos ayudar. Así que compré toda la biblioteca legal de Uganda... ambos libros.

Empezamos por informarnos de los casos que no habían tenido una vista, y comenzamos a prepararlos para juicio. Evidentemente, no se nos había pedido que lo hiciéramos, pero sencillamente pensamos que podíamos. Esa es una de las cosas del amor. Siempre supone que puede hallar una forma de expresarse a sí mismo.

Pedimos a varios jueces valientes que viajaran con nosotros a Gulu para empezar a llevar los casos a juicio. Del mismo modo inexplicable en que John Ashcroft dijo que venía, ellos también lo hicieron. Una vez más, no necesitamos poner sobre la mesa nuestra inexistente estrategia. Era sencillo: empezaríamos a hacer cosas juntos... y las hicimos. Montones de ellas.

Después de llevar más de doscientos casos a juicio en Gulu, el plan que se materializó fue reunir a todos los jueces de Uganda, al presidente y a John Ashcroft, desarrollar amistades y hablar de lo que había sucedido y de lo que era posible. Las organizaciones tienen programas. La gente tiene amigos. Los amigos siempre prevalecen sobre los programas.

Di la bienvenida a todos a la reunión, presenté a John Ashcroft y pasamos los dos días siguientes hablando acerca de las leyes ugandesas relacionadas con los niños, y la necesidad de que hubiera una que prohibiera el tráfico de personas en el país. Asimismo, tratamos el caso del sinfín de jóvenes que esperaban en las cárceles ugandesas durante años sin haber pisado una sala de tribunal. Me pregunté cómo sería ser un niño y verse encarcelado en una de aquellas cárceles. De modo que mis amigos y yo comenzamos a visitar prisiones donde estaban los niños para indagar.

En poco tiempo habíamos hecho una visita a todas las cárceles juveniles del país. La mayoría de ellas eran viejos y destartalados edificios de hormigón, rodeados por alambradas de cuchilla en los muros. Era como si todo el conjunto de los edificios estuvieran intentando escapar, un trozo de herrumbre cada vez. Dentro de la típica cárcel había un centenar o más de jóvenes ugandeses y una docena de chicas entre los doce y los diecisiete años.

Charlie y yo fuimos a una de las prisiones. Preguntamos al guarda cuáles eran los cargos contra los chicos. En su mayoría se trataban de delitos poco importantes, pequeños hurtos, y cosas por el estilo. Sin embargo, algunos estaban acusados de cosas más serias como delito de deshonra, es decir de mantener relaciones consensuales con el otro sexo antes de los dieciocho años. Lamentablemente, lo que puede ocurrir si los padres de una niña del pueblo no aprueban a un chico local, sencillamente le acusan de este delito. Con eso basta para que recale en la cárcel ese mismo día.

Charlie y yo comprobamos los registros donde figuraban los nombres de los reclusos y su fecha de llegada allí. Resultó que la mayoría de aquellos jóvenes llevaban dos o tres años encarcelados. Pregunté cuántos habían ido a juicio.

—Ninguno —respondió el alcaide.

—¿Ninguno? ¿Cómo puede ser? —inquirió Charles.

—No tenemos suficiente dinero para pagar el combustible para llevarlos.

—¿Está bromeando, cierto? —replicó Charlie mientras nos dirigíamos al tribunal que todos podíamos ver desde la oficina del alcaide—. Caminemos hasta allí ahora mismo.

—No es tan sencillo —contestó el alcaide—. En realidad, no hay jueces para celebrar la vista de los casos juveniles.

Saqué a Charlie de la oficina del alcaide porque parecía dispuesto a tirar todos los muebles por el suelo. Lo perdí la pista en la prisión durante la hora siguiente. Cuando lo encontré, estaba en un bloque de celdas con dos jóvenes. El mayor se llamaba Kevin y le estaba contando de qué se le acusaba. Después me enteré que eran asuntos bastante serios. Charlie estaba sentado en la litera inferior, en una celda oscura y tenía las manos de Kevin agarradas, mientras oraba por él. Charlie pidió que Jesús lo sacara de alguna manera de la prisión y que lo regresara a su vida.

Más tarde, Charlie me dijo que se había sentido un poco mal, pensando que quizás había provocado falsas esperanzas en la mente de Kevin al orar por su libertad. Dada la gravedad de los cargos en su contra, lo más probable era que pasara el resto de su vida en prisión. En los meses siguientes, le visité varias veces en aquella celda, mientras preparaba su caso y el de otros para juicio. Cada vez que llegaba, Kevin me preguntaba por aquel hombre amable llamado Charlie que le tomó las manos y oró para que pudiera volver a su vida. La gracia obra de este modo. En una palabra amable de una persona bondadosa con una oración imposible. Es una fuerza que, a veces, se transmite mejor de una mano a otra en un lugar oscuro.

Organizamos con la sala del tribunal el comienzo de los juicios y entregamos un montón de escritos que habíamos preparado. Se nos asignó un juez, y, poco tiempo después, se fijó fecha de juicio para setenta y dos casos. Llegaron los chicos desde la prisión; acudieron sus padres; se presentaron los acusadores, el juez, y nosotros. Era el día de partido. Cuando el juez comenzó, el ambiente era muy denso. Avergonzados, los niños se volteaban para mirar a sus padres.

En un gesto brillante, el juez pidió a los niños que abandonaran la sala antes de que comenzaran los juicios y que aguardaran en otra habitación mientras él hablaba con los padres reunidos. El juez sabía que había una cuestión mucho más importante que se debía tratar en la sala antes de que se iniciaran los juicios. Se dirigió a los progenitores y su amonestación fue sencilla: «Padres, perdonen a sus hijos». Sabía muy bien que, culpables o no, los muchachos no podrían salir adelante en la vida sin el perdón de sus padres. Tras un breve periodo de tiempo, entró en la otra habitación donde se encontraban los chicos y anunció: «Niños, sus padres los han perdonado». Los llevaron de nuevo a la sala y se echaron en los brazos de sus progenitores. Habían recibido algo que necesitaban tanto como que se les hiciera justicia. Habían recibido el perdón.

Para cuando acabamos con el último de los setenta y dos procesos, habíamos devuelto a setenta de ellos a sus hogares con todos los cargos resueltos. Uno de ellos era Kevin. No volvió a la cárcel, porque alguien le había alcanzado en su oscuridad y había hecho una atrevida oración por él que fue contestada.

En todo el tiempo que llevo siguiendo a Jesús he aprendido una cosa: Dios se deleita en contestar nuestras oraciones imposibles. Ese tipo de plegarias que alguien eleva en una celda oscura, mientras sostiene unas manos sucias; las que se hacen por cosas que nos parecen imposibles de ocurrir tanto para nosotros como para otros; unas que podemos hasta sentirnos un poco mal después de haberlas pronunciado, como si le estuviéramos pidiendo demasiado a Dios. Pero lo que olvido es que estamos hablando con un Dios conocedor de que lo que más necesitamos es regresar a él, a nuestras vidas. Como el juez, Dios sabe que no podemos hacerlo hasta saber que hemos sido perdonados.

Dios nos busca en cualquier lugar oscuro en el que hayamos aterrizado y detrás de cualquier puerta cerrada que nos recluya. Sostiene nuestras manos sucias, sin lavar, y modela cómo él desea que alcancemos a otros. Algunas veces, esto significa levantar un teléfono y pedir a un extraño que haga algo que, a primera vista, puede parecer una locura. Nos invita a dejar carreras extraordinarias, como hizo Charlie, y, en lugar de hacer que solicitemos un puesto, nos dice que nuestra vida es nuestro trabajo. Le dice a gente corriente como yo que, en lugar de cerrar los ojos e inclinar la cabeza, a veces prefiere que los mantengamos abiertos para poder ver a las personas que están en necesidad, que hagamos algo al respecto, y que inclinemos toda nuestra vida a él.

Encontramos otro conjunto de celdas en una región distinta de Uganda. Detrás de ese, otro, y otro. Muchos niños más vieron cómo unos extranjeros les tomaban las manos en celdas oscuras y sus olvidados casos fueron procesados por los tribunales. Tras los juicios, aquellos niños fueron devueltos a sus hogares para que regresaran a sus vidas.

Encontramos una prisión especialmente horrible, en el monte, que había almacenado a más de una docena de niños tras una vieja puerta de madera durante años. Un par de tipos asombrosos de la facultad de Pepperdine vinieron y prepararon aquellos casos para juicio. Se procedió a las vistas y, cuando el último de los chicos fue entregado en su hogar después del juicio, hice que se arrancara aquella puerta de madera de las bisagras. Ahora se encuentra en la esquina de mi oficina. Me sirve para recordar que Dios nos busca, por oscuro que sea el lugar donde nos encontremos o detrás de cualquier puerta. Escucha las oraciones imposibles y atrevidas que hacemos por nosotros y por los demás, y se deleita en perdonarnos y responder esas plegarias, dejándonos regresar a casa, a él. Me recuerda que cuando creemos las promesas de Jesús, él no se limita a estar en pie llamando a la puerta de nuestra vida. Nos arranca la pequeña visión que tenemos de él y lo que él puede hacer posible más allá de las bisagras.

He regresado un par de veces a esa última cárcel y el alcaide todavía está un poco molesto porque le quité su puerta. Se me quejó recientemente de que ahora no había manera de mantener a los niños en aquel edificio porque no tenía puerta. Con puerta o sin ella, Dios contestó una oración imposible y atrevida para que cada uno de aquellos niños pudiera volver a su vida. Solo hizo falta que apareciera un par de personas que decidiera formar parte del juego. Y cuando lo hicieron, las repercusiones de sus acciones empezaron a moverse hacia el exterior en ondulaciones que todavía hoy continúan bañando las orillas de la vida de muchas personas y están cambiando ahora todo un sistema judicial.

La última vez que vi al alcaide me volvió a preguntar por su puerta. Todos los niños habían sido liberados y el pabellón estaba vacío. Paseé la mirada por su interior y miré de nuevo al alcaide. Le dije que no necesitaba ninguna puerta porque la justicia había llegado a aquel oscuro lugar y que no había nadie a quien meter allí. Lo que Jesús dijo de liberar a los cautivos en verdad funciona, así que no he devuelto la puerta y le dije al alcaide que tampoco lo haría. Demándeme si quiere.

....

CAPÍTULO 27

LA HISTORIA

Solía pensar que necesitaba registrar historias,
pero ahora sé que solo necesito involucrarme en ellas.

Mi hijo Adam y yo compramos un velero este otoño. En realidad no fui yo, lo compró él. Yo simplemente lo acompañé cuando él hizo el trato. Llevaba tiempo ahorrando dinero y tenía lo justo para bote de remos, sin incluir los remos. Me dijo un día que había encontrado un viejo velero en la web Craigslist, de unos ocho metros de eslora, y que sus ahorros eran suficientes para adquirirlo.

—¿Cómo vas a poder comprar un barco de ocho metros por esa pequeña cantidad que tienes? —le pregunté.

—No estoy seguro, pero si lo venden, lo quiero —me espetó Adam.

Llamó al tipo y acordaron en una hora para encontrarse en los muelles. Yo me apunté como hacen los padres preocupados, sabiendo que no se puede adquirir un velero por un importe un poco mayor al de unos buenos palos de golf. Yo pensaba convertir aquello en un buen momento de enseñanza, ya sabes, ese en el que el padre interviene cuando el tipo no tiene el volante de título rosado, o dice que el barco es de un «amigo» que está fuera del país, o que parte del trato implica que el tipo vive en él con su novia, dos perros y una llama. Estaba preparado para explicarle a Adam que a veces hay fraudes, y que debe estar alerta ante ese tipo de situaciones.

Sin embargo, cuando llegamos, nos encontramos con un tipo pulcro, con una gran sonrisa y un cálido apretón de manos, que llevaba una camisa a cuadros y un vaquero un tanto deslucido. Al barco sin duda le hacía falta algo de mantenimiento, pero él estaba abajo, ordenando un poco, asegurándose de que no faltara ningún chaleco salvavidas, que todos los cables estuvieran enrollados y que la radio funcionara. Nos ofreció un par de refrescos cuando llegamos y comentó: «En verdad que ha sido un gran barco. La he pasado realmente bien con él». Empezó a enumerar los lugares a los que había ido con él. No era una charla promocional, sino que iba volando por las páginas de un álbum de fotografías dentro de su mente y presentándonos a un verdadero buen amigo suyo. Nos contó que era del Medio Oeste y que siempre había querido tener un velero, de modo que, al mudarse a San Diego, hacía unos cuantos años, fue lo primero que adquirió.

Era científico de investigación en el Scripps Research Institute [Instituto de Investigación Scripps], y que parte del equipo trabajaba buscando curas para la malaria, el SIDA, la sordera, la ceguera y el cáncer. Me sentí bastante avergonzado y acomplejado mientras él describía lo que hacía, porque todo lo que yo había hecho ese día había sido cortar el césped. Aquel era un individuo que no tenía nada que ver con el vendedor que yo había imaginado.

—Entonces, ¿por qué vende el barco? —inquirí intentando sonsacar cualquier deshonestidad.

—Sencillamente, ya no tengo tiempo —contestó—. Me mata desprenderme de él, pero es el momento de seguir adelante. Lo que me gustaría es encontrar a alguien que pueda añadir al legado de este barco —explicó, con los ojos puestos en Adam y proyectando una vibración de *¿estás-dispuesto-a-asumir-el-reto?* que envalentonaba.

A Adam y a mí nos gustó que lo expresara de ese modo, me refiero a la parte del legado.

—¿El precio que figura en *Craigslist* es un error? —soltó Adam abruptamente.

Estaba harto de la pequeña conversación, y ansioso por poner el trato en marcha.

—Nop, es lo que estoy pidiendo. Es un excelente precio que solo será para la persona adecuada.

Adam extendió el brazo para darle un apretón de mano y, con gran seguridad, añadió:

—¡Me lo quedo!

El científico hizo una pausa momentánea, fingiendo una profunda y escéptica deliberación. Luego, esbozó su cálida sonrisa y estrechó la mano extendida de Adam.

A pesar del orgullo que irradiaba Adam, tuvimos que reconocer que no era un barco nuevo. En realidad tenía casi cuarenta años. La fibra de vidrio mostraba que se había utilizado mucho y que llevaba varias décadas guardado. Se podía ver que el aventurero científico había ignorado detalles como el jabón, la cera o los pulimentos. Faltaban varios de los ganchos que sujetaban la vela al mástil. Izamos las velas, que un día fueron de un blanco brillante, vigorosas y habían tenido el toque almidonado del estaño. Ahora, sin embargo, colgaban lacias como muchas sábanas desde la parte superior del mástil. Las dos velas de globo de abordo debían llevar una etiqueta que dijera «mala» y la otra «peor». Habrían sido mejores como tela protectora del suelo con manchas de óxido que como velas. Las barandillas de teca parecían trozos de madera flotante y les faltaba uno de cada tres tornillos, las luces de posición no funcionaban. Encendimos el motor que tosió como si hubiera estado quemando aceite durante años. En el nivel inferior, el olor a moho, mosto y gasolina vieja era abrumador. A través de esa fragancia, también detecté un leve olor a orina. A Adam no le importaba nada de esto, solo que, ahora, el velero era suyo.

Teníamos que llevar el barco por la costa hasta un embarcadero que había detrás de nuestra casa. Adam nunca había salido al océano con un velero, y esto era un problema menor. Podíamos escoger: planeábamos el viaje o lo hacíamos directamente. Ni siquiera hablamos de opciones. Izamos las velas, giramos los cabestrantes, porque pensamos que debíamos hacerlo, y empezamos a navegar. Nos ocuparíamos de cualquier otra cosa por el camino.

El viaje se desarrolló sin incidentes y horas después, estábamos rodeando Point Loma para entrar en las quietas aguas de la bahía de San Diego. En cualquier caso, el barco rebosaba de capricho, como el brillo de nuestros ojos, como el aire que hinchaba las velas tanto como nuestros corazones. Así funciona el capricho. Es un recurso renovable e infinito que se multiplica.

He llegado a entender mejor la fe al comprender más sobre el capricho. Lo que esta palabra significa para mí es una combinación de la parte «activa» de la fe junto con algo que merece la pena hacerse. Es lo que extiende la esperanza como semilla de hierba al viento. También me recuerda a la Biblia cuando habla de cosas que son como un aroma. No es algo que avasalla, sino algo que tiene la fragancia del amor de Dios, un perfume que permanece.

Ya en el muelle, le pregunté a Adam si había pensado en un nombre para su barco. Solemos pasar los veranos en Canadá, e invitamos a gente a venir y quedarse un tiempo para conversar sobre cómo entiende la vida. Por lo general, Adam se mantiene al margen, sirviendo, arreglando un motor o montando en motocicleta. Es uno de esos tipos que no es el centro de atención. El verano había estado lleno de debates sobre la historia que contábamos con nuestra vida, y que podíamos vivir una mejor. Mi amigo Don le había dicho eso. Resulta que aquellas conversaciones habían dejado una marca de agua maravillosa en la vida de Adam.

Cuando le pregunté a Adam si quería ponerle nombre a su barco, se echó hacia atrás en su silla durante un largo minuto, miró hacia arriba y a la izquierda. Jugueteó un poco con su vaquero y luego contestó: «Quiero llamarlo *La historia*». Me di cuenta que él consideraba aquel barco zarrapastroso de un modo distinto a como lo vería la mayoría de la gente. Para los demás sería un viejo cacharro que estaría mejor hundido que navegando. Para Adam, *La historia* no sería una máquina de navegar, sino de historia. Para él estaba lleno de capricho, maravilla y aventura, aun antes de soltarlo del embarcadero.

Adam sabe que tengo un proyecto en el que he estado trabajando durante años. Se trataba de escribir todo lo que puedo recordar sobre mi vida. La primera picadura de abeja, la primera vez que rocé las rodillas de alguien que me gustara, la primera vez que reprobé un curso o que me dieron una multa por exceso de velocidad. No suelo llevar un diario, y nunca escribo cosas como lo que he comido a medio día, con quién estuve o dónde. Lo que he venido anotando son las cosas que puedo recordar, porque me han moldeado; palabras o frases que han resonado dentro de mí; las historias ocurridas en mi vida. Todo ello con la esperanza de que, un día, al pasar las páginas pueda ver la evidencia de Jesús en ellas.

Cuando Adam me comentó que quería llamar a su barco *La historia,* me pregunté en voz alta, con él, si también había pensado escribir todas sus memorias. Lo que me respondió volvió a sorprenderme. Lo pensó durante un par de segundos y me dijo: «Bueno, ¿sabes, papá? También lo he pensado. No es nada personal, pero creo que ahora mismo, estoy haciendo lo que otros considerarán recuerdos algún día. Me parece que las memorias son lo que la gente mayor acumula cuando piensan en el tiempo cuando tenían mi edad, y en la época en la que pudieron de verdad haber hecho algo al respecto. Por eso pienso que mejor me dedico ahora a hacer un montón de cosas en lugar de escribirlas, y, luego, quizás, cuando acabe de hacer cosas espectaculares, entonces las escribiré».

Siempre aprendo mucho de Adam. También quiero un barco, una moto o un globo aerostático que se llame *La historia*. Creo que todos deberíamos volver a construir aquel cohete con el que soñábamos cómo sería nuestra vida. Quiero hacer cosas hoy, y no volar por las imágenes mentales arrugadas y amarillentas de lo que ocurrió hace mucho tiempo. Necesito mi propio vehículo para llegar hasta allí; todos tenemos esa necesidad. Y será diferente para cada uno. Un solo tamaño de barco o un solo tipo de historia no le va a servir a todo el mundo. Todos necesitamos entrar en algo nuestro cada día, que nos lleve a un lugar nuevo, donde se nos necesite. Quizás llamaré a mi barco *Capricho* e intentaré soltarlo del embarcadero en mi mente, al menos una vez al día y llevarlo a dar una vuelta. Quizás tú también puedes hacerlo.

Si Adam tiene razón sobre eso de que los recuerdos se reservan para gente que ya no hace nada espectacular, entonces ya no quiero registrar más recuerdos. He estado pensando que seguiré la dirección del amor y encontraré nuevas travesuras que merezcan la pena hacer, una tan saturada de capricho que haya que escurrirla, como una toalla mojada, para poder entenderla por completo. Creo que también tendré una lancha que ataré a la parte trasera de mi barco imaginario. Estaba jugueteando con el nombre *El fin*. Pero creo que lo llamaré *Súbete*, porque solía pensar que necesitaba registrar historias, pero ahora sé que solo necesito involucrarme en ellas.

CAPÍTULO 28

....

JUGARSE LA PIEL

Solía pensar que tenía que decidir de qué lado estaba,
pero ahora sé que es mejor salir a pelear.

uando estaba en séptimo grado, peleé con un tipo que se llamaba Dale. Era enorme. Casi bloqueaba el sol cuando pasaba por delante. No me gustaba porque se la pasaba pegándole e intimidando a los más pequeños. No estoy muy seguro de por qué yo no le gustaba. Yo no era bien parecido ni tenía todo un grupo de señoritas que quisieran ser mis novias. Supongo que si el acné fomentaba la ira, en aquel tiempo tenía suficiente como para provocar una guerra. Quizás le desagradaba porque no era pequeño ni le iba a consentir que me empujara a mí o a cualquiera de mi entorno. ¿Quién sabe cómo piensan estos tipos, si es que lo hacen? Suelen ser gente que utiliza la polémica como medio para obtener poder. Algunos jóvenes superan esta etapa de la vida; y otros no lo consiguen, y continúan con la misma actitud por toda la vida.

Era muy fácil empezar una pelea con Dale. Un día en que estaba golpeando a otro niño le advertí que no le iba a permitir que siguiera haciéndolo. Con toda seriedad, y en medio del revolcón, di un paso hacia la pequeña multitud que se había reunido y dije: «Dale, te reto». Es jerga de estudiante de último curso antes de ir a la escuela secundaria que significa: «Anda, vamos a pelear a los puños».

Se dio la vuelta lentamente con una sonrisa perversa en el rostro, como la de los gigantes hambrientos en los libros de cuentos. Estaba encantado de tener a su próxima víctima a un paso, y con tan buena disposición. Como si estuviéramos concretando una transacción de negocios, escogimos fecha y lugar para la pelea. Unos días después, fuimos a una calle sin salida cerca de la escuela, donde estaban construyendo algunas casas. Una inmensa multitud de muchachos nos siguió. No había muchas peleas a los puños en mi escuela y esto fue antes de que los programas de entrevistas en la televisión se volvieran violentos. Así que era en realidad un gran titular, algo casi equivalente a la llegada de los anuarios o que suspendan las clases por nieve, lo que en California es algo *realmente extraordinario*.

Comenzamos nuestra pelea empujándonos y apartándonos, y con palabras muy duras. Luego nos dimos algunos puños e intercambiamos algunas llaves de cabeza. Para cuando llegó el maestro para acabar con la pelea, Dale estaba cubierto de sangre. Nadie se dio cuenta de que toda era mía, de modo que me autoproclamé vencedor y ambos fuimos expulsados durante un par de días. Y aquí hay que resaltar algo muy importante. Si vas a programar una pelea con un matón y corres el riesgo de que te expulsen de la escuela, elige siempre un jueves y así te sacas un fin de semana largo.

A mis padres no les emocionó demasiado toda aquella dura prueba. En realidad, mi madre sacudió la cabeza y dijo que estaba muy decepcionada conmigo. Papá fingió apoyar su reprimenda, aunque me guiñó un ojo y me chocó los cinco a sus espaldas. (Por cierto, ahora que soy adulto, lo entiendo perfectamente). Una vez expliqué mi justa causa, mi lucha por los indefensos, los convencí de que no me dejaran encerrados durante el fin de semana. El lunes siguiente, Dale y yo volvimos a la escuela, intercambiando miradas de pandilleros al cruzarnos en los pasillos. Yo estaba dispuesto a olvidar el tema. Ya había perdido demasiada sangre. Pero supongo que, a la gente que le gusta entrarse a golpes con los demás —tipos como Dale y quizás algunos que tú conozcas—, rara vez resuelven nada. Para ellos no se trata de solucionar, sino de pelear.

Hoy, mirando en retrospectiva la pelea con él, compruebo algo sobre mi propio sistema interno. Ingresé en la facultad de derecho y me gradué, con ideales y dispuesto a ayudar a la gente a resolver sus disputas. Supongo que me guía la misma necesidad de defender a los niños pequeños, pero sin utilizar mis puños. Jesús habló mucho sobre las peleas, y me sorprende que nunca dijera que *no* las tuviéramos. Supongo que es porque sabía que eran, de algún modo, inevitables. A lo que él se refirió, sin embargo, fue a una pequeña lista de cosas por las que merecía la pena luchar. También aludió a cómo resolver las discusiones. Se había visto en medio de bastantes de ellas, de modo que sabía cómo hacerlo. Aún hoy sigue siendo el tema de innumerables disputas desde que le mataron. Creo que ni siquiera la muerte y la resurrección resuelven algunas cosas.

Aunque no pensé que pudiera resolver los altercados igual de bien que Jesús, imaginé que podría aprender de lo que él dijo al respecto. Me gustaba la parte donde decía que sus seguidores debían buscar a la gente con menos credenciales para que decidiera las mayores discrepancias entre ellos. Al principio me parecía una locura, porque yo pensaría más bien en buscar a la persona más inteligente, importante o poderosa para resolver una desavenencia en mi nombre. Sin embargo, Jesús pensaba que el más inferior pondría más cosas sobre la mesa. Dijo que así era como funcionaba su economía inversa. Pensé que quizás siguiera funcionando de ese modo, así que decidí intentarlo.

Acabando de salir de la facultad de derecho, imaginé que tenía todos los requisitos de los que Jesús habló para ayudar a las personas con sus disputas, porque yo no era nadie en particular, no tenía dinero ni poder, ni credenciales. De modo que abrí lo que llamé

Servicio de Mediación Cristiana. Ya sé... un nombre llamativo, ¿cierto? Sinceramente, cuando ahora miro hacia atrás me siento un poco avergonzado por ello. Sin embargo, mi corazón estaba en el lugar adecuado como abogado recién estrenado y quería utilizar mi educación legal para marcar la diferencia.

Los dos primeros cristianos que entraron por la puerta mantenían una disputa que, según quedó patente a los cinco minutos, era increíblemente profunda. Unos pocos minutos más y creí que se odiaban de verdad hasta lo más hondo. Tampoco se trataba de un odio corriente, sino que era del tipo que tratan las películas de terror. Me reuní con ellos una y otra vez, e intenté todo lo que pude para poder restaurar la inmensa fisura que los dividía. La animadversión que sentían el uno por el otro iba acompañada por una pasión sin precedentes, tan cruel que llevó a mi familia a conseguirme un perro poodle incontinente llamado Riley como mascota para que pudiera experimentarlo de primera mano.

A lo largo de nuestras sesiones, determiné que aquellos individuos estaban más interesados en infligirse dolor el uno al otro por medio del sistema legal que en resolver de verdad sus desavenencias. Todas las conversaciones con respecto a resolver conflictos utilizando conceptos de los que hablaba la Biblia —cosas como el amor, el perdón y la autorreflexión— no eran más que palabras para aquellos dos. Por supuesto, conocían todas las frases cristianas. En más de una ocasión hasta los oí blandir versículos de las Escrituras el uno contra el otro como si de una ametralladora se tratara. Lo que les faltaba era el corazón de Jesús, que es el eje para resolver cualquier asunto. Como todo lo demás había fracasado, consideré invitarles a pegarse en la calle como Dale y yo habíamos hecho. Y eso fue exactamente lo que decidieron.

Alquilé un ring de boxeo, contraté a un árbitro, y conseguí dos pares de protectores para la cabeza y guantes. Todo aquello me costó treinta y cinco dólares que yo no tenía, pero también estaba harto de aquellos tipos y su lenguaje cristiano, que yo estaba listo para pelear con el vencedor. ¡Qué diablos! Pelearía con ambos. Los llamé y les di la fecha, la hora y el lugar donde se encontraba el ring de boxeo y les dije que nos encontraríamos allí y que resolveríamos las cosas de una vez por todas.

Cuando empecé a seguir a Jesús, me preguntaba qué hacían los cristianos cuando tenían una disputa. ¿Seguían teniendo desavenencias? No estaba seguro. Después de un tiempo me di cuenta de que la gente que amaba a Dios tenía discrepancias como cualquier otra. Unos actuaban de forma religiosa y parecían ser más religiosos cuanto mayor era la disputa. También parecían llevar sus desavenencias muy lejos y las rodeaban de tanta palabrería cristiana que resultaba difícil dilucidar cuál era el origen de su enfado, y mucho menos poder resolver nada. Muchas de ellas tenían que ver con lo que la gente religiosa pensaba que los cristianos debían apoyar o refutar. Lo que me parece verdaderamente irónico era que la Biblia decía que somos como polvo o vapor, o como cualquier otra cosa insignificante. A pesar de ello, esta gente hablaba como si ellos hubieran creado las montañas cuando se trataba de cómo debían actuar los demás. Con alguna frecuencia, uno de los religiosos acusaba a la otra persona de haberse «apartado», una jerga cristiana que significa básicamente que la otra persona no está actuando de una forma muy religiosa. Siempre pensé que esta era una mala elección de palabras, porque sonaba divertido, como a un tipo de juego.

Entiendo por qué la gente no quiere vérselas con la profundidad de la bondad que a Jesús le parecía normal. Comprendo por qué resulta más fácil limitarse a decir lo que suena correcto desde dentro de un bunker. El problema es que la Biblia dice que la única arma que cualquiera de nosotros tiene es el amor. Pero se trata del amor como una espada sin mango, y, por ello, algunas veces nos cortamos cuando la agarramos. No obstante, se supone que debe ser un estrecho contacto. El amor siempre es así. No creo que los versículos de la Biblia se escribieron para que nos los lanzáramos unos a otros como granadas. Son para que nos orientemos los unos a los otros hacia el amor y la gracia, y para invitarnos a algo mucho más importante.

Todos queremos tratar con los problemas desde una distancia segura. Sé que a mí me pasa. Pero también es mucho más lo que está en juego en el caso de los pequeños conflictos. Si no los arreglamos, cuando llegue el día de disputas mayores, todavía estaremos enredados alrededor del eje con todos los desacuerdos previos no resueltos. Es lo que les ocurría a estos dos tipos.

Cuando llegó el día para que estos dos individuos resolvieran sus asuntos en el ring de boxeo, yo estaba sentado en el borde de la lona, con mi sudadera y mis zapatillas puestas. Hasta me coloqué una toalla alrededor del cuello, porque lo vi una vez en una película de *Rocky*. Esperaba resolver de una vez esta discusión, aunque para ello se necesitaran puntos. Sin embargo, como era previsible, ninguno de ellos apareció ni volví a saber nada de ellos.

Todavía sigo pasando una gran parte de mi vida profesional resolviendo conflictos para los demás. Algunos dicen que quieren resolver sus disputas, pero, la mayoría de las veces, tienen un secreto, a veces un programa en el subconsciente para mantener la pelea en marcha. El truco consiste en ver lo que subyace realmente. ¿Son todos ellos cristianos de boca y solo buscan cruzar grandes palabras cristianas como si fueran cuchillos? ¿Tal vez quieren ser modelos de lo que Jesús dijo, arriesgarse a que los agravien y, por medio de ello, experimentar sencillamente lo grande que es Dios?

En la Biblia hay un personaje que se llama Josué. Una y otra vez Dios le dijo a él y a su pandilla que fueran fuertes y valientes. Dios no dice en el texto sagrado que debamos ser hombres o que bailemos desnudos alrededor del fuego y contemos historias viriles, sino que seamos fuertes y valientes. Eso es todo. La forma en que yo lo leo me suena más a que Dios nos está llamando a salir a pelear.

Cuando Josué estaba a punto de entrar en la tierra que Dios le había prometido, se encontró a un ángel con su espada en alto frente a él. Debía haber un abogado dentro de él, porque le preguntó al guerrero angelical algo que yo preguntaría: «¿De qué lado estás?». Sin duda, Josué esperaba que estuviera a favor de ellos. También habría sido mi esperanza. Me gusta mucho la respuesta del guerrero ante la pregunta. Fue sencilla: «De ninguno. Quítate los zapatos». Al ángel no le interesaba tomar partido; quería que ellos escogieran a Dios. Les dijo que se quitaran los zapatos porque estaban en terreno santo, como nosotros hoy. Quizás Dios no quiera que perdamos nuestro tiempo escogiendo lados o equipos ni probándonos camisetas. Quiere que escojamos una pelea, y también quiere que lo escojamos a él.

Quiero elegir una pelea porque quiero que el sufrimiento de otro me importe más que el mío. Quiero pelear donde pueda marcar una diferencia significativa. Dios dice que quiere que luchemos contra la injusticia, que nos preocupemos de los huérfanos y de las viudas, que demos de forma sacrificial. Y cualquiera que se distraiga con las nimiedades de esta o de aquella opinión se está desviando de la verdadera pelea. Dios quiere que nos juguemos un poco el pellejo para ayudar a marcar una diferencia tangible.

No puedo hacer que una necesidad me importe realmente si me limito solo a oír la historia, visitar la web, recoger la información o llevar una pulsera. Debo escoger la pelea y retarla como lo hice con Dale. Luego, lo más importante de todo es que debo correr hacia ella con los pies descalzos. Pero quiero hacerlo así, porque la tierra es terreno santo; quiero correr porque el tiempo es breve y ninguno de nosotros tiene una pista tan larga para hacerlo como creemos; y quiero que sea una lucha, porque ahí es donde podemos marcar la diferencia. Esto es lo que hace el amor.

Por supuesto que es más fácil escoger una opinión que una pelea. También sé que es más fácil escoger una organización, o ponerse una camiseta, que escoger una pelea, retar al contrincante y lanzar un puño. Escoger una pelea tampoco es algo pulcro. No tenemos que ensuciar, consume tiempo, es doloroso y resulta costoso. Se parece muchísimo al tipo de pelea que Jesús asumió por nosotros cuando retó a la muerte en nuestro nombre y venció.

....

CAPÍTULO 29

MEMORIZAR A JESÚS

Solía pensar que podía aprender acerca de Jesús estudiándole,
pero ahora sé que él no quiere acosadores.

¿Te han acosado alguna vez? No creo haberme visto nunca en esa situación, pero supongo que sería difícil de saber si el acosador era bueno. El acoso es una de esas cosas espeluznantes en las que, una vez empiezas a hablar de ella, imaginas que te está ocurriendo a ti. Más y más personas que intentan seguir a Jesús deberían pensar en lo que hacen los acosadores, pero no por las razones que puedas pensar en un principio.

Me pagan como abogado para que recoja información y memorice hechos, y he llegado a ser realmente bueno en ello. Me di cuenta de que, en mi fe, estaba haciendo exactamente eso: recoger información sobre Dios y memorizando cosas sobre él. Recopilaba imágenes, y reunía artefactos y calcomanías para el parachoques sobre el cristianismo. Hablaba de conocer a Jesús como si fuéramos los mejores amigos, cuando, en realidad, apenas nos conocíamos el uno al otro. Y memorizaba versículos de la Biblia y los nombres de los libros bíblicos en orden, y la secuencia de un montón de acontecimientos así como quienes estaban allí. En un momento dado, tuve que confesar que estaba acosando a Jesús. En realidad, me estaba deslizando un poco hacia afuera y, me di cuenta, de que probablemente también estaba haciendo lo mismo con Dios. De modo que decidí dejar de hacerlo.

Lo primero fue dejar de asistir a lo que los cristianos llaman «estudio bíblico». Suena a algo sano y, sinceramente, lo es. Los tienes en tantos sabores como gente hay para liderarlos. En los que asistí, me enseñaron un montón de datos e información sobre Jesús. Podíamos estudiar cómo resucitó de los muertos a un tipo llamado Lázaro. El líder abría un libro de consulta y decía algo como: «En griego, la palabra *muerto* significa...». Y, a continuación, proseguía: «En hebreo, la palabra quiere decir...». A veces se metía de lleno en ello y hablaba de la diferencia entre la versión griega de *muerto* y la hebrea. Luego nos hacía una pregunta más apremiante. Algo como: «¿Cuándo fue la última vez que te sentiste muerto?», ¿*Eeeh?*, me preguntaba a mí mismo. ¿Sinceramente, quien necesita oír la definición de *muerto*? ¿Y qué diferencia había? Yo quería hablar de cómo realizar un mejor trabajo siguiendo a Jesús, cómo practicar la bondad, y qué podía hacer con mi fe antes de llegar a ser la versión griega o hebrea de muerto.

Las intenciones de este tipo eran totalmente puras, de modo que no pretendo tirarle por el suelo ni nada parecido. Además, la mayoría de las cosas que estudiamos en el estudio bíblico eran verdad y todo, pero en honor a la verdad solo me hacían sentir como un acosador. Como un tipo repulsivo memorizando hechos e información sobre alguien que apenas conocía. Fuera lo que fuera lo que yo necesitaba, no lo estaba encontrando, porque nunca quise *hacer* nada con aquello que aprendí. La mayoría de los miércoles por las noches, cuando abandonaba el estudio bíblico, me daba cuenta de que no podía recordar ni una sola cosa de lo que se había hablado allí. Era como si alguien pusiera un imán enorme en mi disco duro una vez acaba el estudio. Me preguntaba si había algo incorrecto en mí, pero pronto me percaté de que no recordaba nada porque, en el gran esquema de las cosas, no me parecían importantes. En otras palabras, no se cruzaban con mi vida; solo rebotaban contra ella cada los miércoles.

¿Qué tiene que ver el «estudio bíblico» con conocer a Dios? ¿Acaso no sería horrible estudiar a nuestros seres amados en lugar de establecer vínculos más profundos haciendo cosas con ellos? Nunca me hubiera gustado casarme con una chica por lo mucho que la hubiera estudiado. Prefería llevarla a navegar, pescar o comer algodón dulce dando vueltas en la noria de la feria. No creo que saber lo que significa su nombre en griego me vaya a ayudar a amarla más. En realidad, existe un nombre para los tipos que se limitan a estudiar cosas sobre la persona a la que aman, pero luego no hacen nada al respecto... se llaman solteros.

De manera que empecé a reunirme con los mismos tipos cada semana y, en vez de llamarlo estudio bíblico, lo denominamos «¡Hagamos Biblia!». Llevamos quince años haciéndolo y he comprobado que existe una gran diferencia entre ambas cosas. En nuestro «¡Hagamos Biblia!», leemos lo que Dios tiene que decir y, a continuación, centramos toda nuestra atención en lo que vamos a hacer al respecto. Con estar de acuerdo no basta. No puedo recordar ni una sola vez en la que Jesús les pidiera a sus amigos que se limitaran a concordar con él.

Algunas veces, la gente intenta memorizar cosas porque no tienen otro punto de referencia desde el cual conectar con un lugar, una idea o un concepto. Eso lo entiendo. Pero lo divertido es que, hasta haber experimentado algo de forma personal, por lo general no he sido capaz de recordarlo. Uno podría pensar que por escuchar las mismas cosas muchas veces, estas se llegan a convertir en parte de nosotros; pero la mayoría no estamos programados para escuchar y recordar.

Hace poco, escuché una canción de Taylor Swift titulada «Love Story» [Historia de amor], durante todo mi trayecto de vuelo desde la costa este hasta la costa oeste de Estados Unidos. No sé por qué, tenía el iPod en modo de repetición y, tan pronto como acababa, volvía a empezar automáticamente. Es una canción alegre. Mucha música de banjo al principio, según recuerdo. Si quieres saber cuántas veces escuché la canción, divide tres minutos y cincuenta y cinco segundos entre Norteamérica. Aunque oí las palabras una y otra vez, ¿sabes qué?, solo consigo recordar una que otra palabra aislada.

Recuerdo que habla de un tipo llamado Romeo y no estoy muy seguro de quien es la chica. Creo que es Taylor. Me parece que habían vencido alguna adversidad, porque al padre de la chica no le gustaba demasiado el joven Romeo. Como padre, lo puedo respetar. Sin embargo, a fin de cuentas, no consigo recordar cómo acaba la canción o si el chico se queda con la chica.

No recuerdo mucho acerca de la historia de amor de Taylor, aunque oí la canción más de cien veces. Sin embargo, ¿por qué recordamos, por el contrario, cada matiz, cada mirada, y, si nos hemos enamorado, toda la historia del cortejo, con el más mínimo detalle? Con nuestra propia historia de amor, cada detalle está vivo; son relatos tan emotivos, detallados, inolvidables... al menos para nosotros. Cuando se trata de otras personas, sin embargo, seremos educados y prestaremos atención, pero por lo general nos olvidamos de todo. Es como mirar las fotografías de las vacaciones de otros.

Cuando me juego la piel, de repente, el resultado me importa y me involucro. Algunos piensan que un compromiso es el tiempo comprendido entre la propuesta de matrimonio y casarse con alguien. Para mí es el tiempo que transcurre entre escuchar una verdad y asentir con la cabeza, o hacer un sincero *hmm* como muestra de acuerdo y cuando hacemos algo al respecto. Esto explica por qué Jesús nunca habló de limitarse a llegar a un consenso y en lugar de ello quiso que edificáramos un reino.

Si asumes un compromiso como este, serás capaz de recordar mejor los versículos de la Biblia, porque los estarás *viviendo* en vez de limitarte a leerlos. Otra consecuencia secundaria del compromiso es que desaparecen todas las respuestas enlatadas que tenemos para las preguntas complejas. Creo que esto se debe a que nos vemos a nosotros mismos dentro contexto de algo más amplio que se está desarrollando. Los detalles no son distracciones; son peldaños sobre los que podemos apoyarnos para subir. Recordamos porque ya no somos meros observadores. Creo que Jesús tenía en mente que no fuéramos «creyentes» solamente, sino «participantes». No es porque sea la moda, sino porque es más preciso y adecuado de este modo. Quería a gente que «hicieran» la parte de la fe, no porque deseara actividad, sino porque quería que nuestra fe fuera importante para nosotros.

Una de las maneras en que hago que algo me importe es dejar de aprender meramente sobre eso y encontrar una forma de comprometerme con ese algo en mis propios términos. Por ejemplo, si alguien pregunta lo que pienso acerca de la pena capital, en lugar de recitar la línea del partido, y repetir los pensamientos de otra persona, pienso en un adolescente llamado Kevin, en una prisión de Uganda que fue acusado de un crimen capital. Si se trata de la atracción por el mismo sexo, pienso en un querido amigo que es gay. Ahora, en lugar de hablar de una cuestión, lo hago de una persona, alguien que me importe. Creo que Jesús nos preparó de este modo para que recordáramos. Y no se trata de ser políticamente correcto, sino de serlo en verdad. Necesitamos convertir nuestra fe en nuestra propia historia de amor.

Lo que me gusta del mensaje de Jesús es que ya no necesito estudiarle más para conocerle. Eso era lo que fomentaba la gente religiosa de su tiempo. Recoger información sobre alguien no es lo mismo que conocer a una persona. Los acosadores son gente corriente que estudian de lejos a aquella gente a la que les asusta demasiado conocer de verdad. Jesús dijo que, a menos que le conociéramos como un niño, nunca lo conoceríamos de verdad. A los niños no les importan los hechos, y, desde luego, no se estudian los unos a los otros. Son justos los unos con los otros; hacen cosas juntos. Esto es lo que Jesús tenía en mente.

Volví a escuchar la canción de Taylor Swift unas cuantas veces más desde mi viaje a través del país. Esta vez tomé notas para recordar cómo termina la historia. Resulta que todo fue bien para Taylor al final. Romeo se quedó aunque el padre le dijo que se fuera; ella consiguió un vestido blanco y, según ella, solo tuvo que decir que sí. Pero apuesto a que Romeo no llegó a conocerla, porque la memorizó. Creo que fue porque hizo cosas con ella. A nosotros nos ocurre lo mismo.

CAPÍTULO 30

....

LAS PALMAS HACIA ARRIBA

Solía pensar que tener los puños cerrados me ayudaba a pelear mejor, pero ahora sé que esto me debilita.

No soy escritor; soy abogado. En realidad me percibo como un abogado en recuperación. Demando a compañías que hacen rascacielos torcidos o edificios combados. Escogí ese tipo de abogacía porque no quería defender a un bandido, ni a alguien que le diera una patada a un perro ni al tipo que atropella a su suegra con un carrito de golf. No me malinterpretes, no soy blando; puedo ser extremadamente beligerante cuando se trata de tierra y dos por cuatro.

Hace algún tiempo dejé de pensar en la abogacía como carrera. Simplemente pienso en esto como el trabajo que hago durante el día. Pensar en lo que uno hace de este modo hizo una gran diferencia en mi forma de plantearme lo que hago. También fue una ayuda para no confundirme con respecto a quién soy y lo que hago.

Paso mucho tiempo trabajando para los niños de Uganda y la India, y persiguiendo a los tipos perversos que les hacen daño. Empecé una organización sin ánimo de lucro y, ahora, la dulce María y yo pensamos en mi trabajo diario como un gran medio para financiar las cosas que hacemos. Ahora, cuando me pongo un traje y una corbata, o salto en un avión para recoger una declaración, lo denominamos «recaudación de fondos». Todavía me hace sonreír cuando lo llamamos así. Es como una feria de tortas de mucho éxito para deshacernos de los tipos malvados.

Las deposiciones son mi parte favorita de practicar la ley porque implican mucha estrategia. En un pleito, consiste en hacerle a la gente un montón de preguntas. A veces, incluso grabo en vídeo la deposición, sobre todo si la persona que responde a mis preguntas tiene poco aguante, o cierta tendencia a inventarse las cosas. Este tipo de gente se puede poner roja como un tomate y, cuando lo hacen, resulta un gran momento Kodak.

Algunos de mis clientes tienen que prestar deposiciones, lo que significa que otros abogados les hacen preguntas. Puede resultar muy intimidatorio cuando toda una sala llena de abogados te está mirando fijamente. De modo que, cuando esto ocurre con uno de mis clientes, suelo decirles siempre lo mismo: siéntese en la silla y responda a las preguntas, pero hágalo *en todo momento* con las palmas de las manos hacia arriba. Les digo, literalmente, que el dorso de sus manos repose sobre sus rodillas y que las palmas estén hacia la parte inferior de la mesa.

Me tomo muy en serio esto. En realidad, los amenazo con darles patadas en las espinillas si miro hacia abajo y veo que no tienen las palmas hacia arriba. Cuando hacen esto, les resulta más fácil, están más calmados, parecen más sinceros y precisos. Y esto es importante, porque, para ellos, es peor ponerse a la defensiva. Cuando la gente se enoja o se pone a la defensiva tiende a cometer errores. Pero nadie puede estar a la defensiva con las palmas hacia arriba.

Adelante, pruébalo ahora mismo, allí donde te encuentres. Pon tus manos sobre las rodillas y vuelve las palmas hacia el cielo.

También puede probar lo contrario. Aprieta tus puños. La mayoría de la gente podría enfadarse hasta con una naranja cuando tiene los puños cerrados. Hay algo en el disco duro que Dios nos dio a cada uno de nosotros que vincula la posición de nuestros cuerpos y la de nuestros corazones. No estoy seguro de por qué es así, pero rara vez tengo a un cliente frustrado, confundido o que tiende a exagerar o decir una mentira cuando tiene las palmas hacia arriba.

En realidad aprendí esta técnica de Jesús. Yo solía caminar con los puños cerrados, a la defensiva, con temor a que la gente quisiera aprovecharse de mí. Hay tanta gente mala en el mundo que me hacían apretar los puños. Quería estar enojado e intentaba repeler las cosas horribles que la gente se hace los unos a los otros, en especial a los niños. Pero Jesús me enseñó que no tenía nada que perder si le tenía a él. Aprendí de él a tener las palmas hacia arriba, como él lo hacía. Esto significa que no tienes nada que esconder, nada que ganar o perder. Implica que eres lo suficientemente fuerte para ser vulnerable, aun con tus enemigos. Incluso cuando te hayan agraviado de una forma tremenda. Jesús tuvo las palmas hacia arriba hasta el final.

Cuando la gente me pregunta cómo es seguir a Jesús, suelo decirles que consiste en tratar las mismas cuestiones de todo el mundo —decepciones, alegrías, incertidumbre, etc.— y hacer que tu mente cambie todo el tiempo, conforme vas aprendiendo cómo Jesús se habría ocupado de las cosas. Seguirle es que tus paradigmas cambien a medida que navegas por un abanico más amplio de emociones, mientras vives la gran vida que Jesús nos invita a disfrutar. Al conocerle, las cosas que antes veía de una forma, ahora pienso en ellas de un modo distinto. Esto me ocurre todo el tiempo, cada día.

Jesús parecía decirlo muy a menudo. Afirmaba: «Una vez pensabas esto, pero ahora te digo que es diferente». Y, a través de muchos cambios de paradigmas que he tenido mientras seguía a Jesús, el único que parece aplicarse de forma universal es que deberíamos tener las palmas hacia arriba.

···

CAPÍTULO 31

JOHN DOS LITERAS

Solía pensar que tomar riesgos reduciría el número de amigos que tengo,
pero ahora sé que el amor atrae a más gente.

Llevó una década enseñando un curso de Ley Empresarial en una universidad local. Un año, hubo un tipo en la tercera fila llamado John. Podía haber sido alero del equipo de básquetbol los Lakers, con una estatura de un metro noventa y cinco. En un principio quería ser médico, luego biólogo, pero de alguna manera acabó en la facultad de administración de empresas de la universidad y se matriculó en mi clase. La mitad del tiempo me veía obligado a volar desde Seattle a San Diego para dar clases, de modo que no se permitía que nadie llegara tarde a clase. Me imaginaba que si yo podía recorrer más de mil seiscientos kilómetros para llegar a tiempo, mis estudiantes no deberían tener problemas para caminar noventa metros y conseguirlo. John solía llegar en el último minuto.

Estaba en su último año e intentaba decidir qué hacer después de graduarse. Un día, me invitó a la casa donde él y otros estudiantes a punto de graduarse se reunían los viernes por la noche con tipos más jóvenes de la universidad para hablar sobre cómo vivir un tipo de vida diferente, uno que no fuera el típico. John era brillante y tenía mucho talento, una personalidad fácil de tratar y una sonrisa rápida. No amaba a la gente a la manera en que Hallmark decía, sino al estilo de un defensa, con un contacto pleno. No te enterabas de que el amor comprometido de John te había tumbado al suelo hasta que te alejabas casi dolorido por ello.

Me gustaba que estos chicos hablaran de salirse de la carretera con sus vidas en lugar de llegar a los lugares seguros que figuraban en el mapa, los que se suponían más típicos para ellos. En realidad no creo que nadie busque ser típico. Muchos incluso se juran a sí mismos, en algún momento de la escuela secundaria o de la universidad, no ser típicos. Pero, con todo, vuelven a caer en ello, de alguna manera. Como las vías circulares de un tren en un parque de diversiones, los guiones que conocemos ofrecen una marca de seguridad, previsibilidad y protección. Sin embargo, el problema estriba en que solo nos llevan a un lugar donde ya hemos estado. Nos vuelven atrás para conducirnos a sitios a los que cualquiera puede llegar fácilmente, y que no son necesariamente adonde se suponía que debíamos ir. Vivir una clase de vida distinta requiere mucho coraje y ánimo, así como una nueva forma de ver las cosas. John y sus amigos hablaban como si quisieran una fe un poco del tipo todoterreno, así que cuando me invitó a pasar un rato con su grupo, le aseguré que allí estaría.

Llegó el viernes por la noche y tuvimos una gran conversación alrededor de un pequeño fuego. Hablamos de que no era necesario operar siguiendo la misma economía de todos los demás ni hacer las cosas como ellos las hacían, y cómo, en su lugar, podíamos tener por objetivo una vida de compromiso. No necesitábamos una bandera, un estandarte, camisetas ni sudaderas a juego ni tampoco tarjetas de visita. Podíamos convertir la vida en una especie de juego de baloncesto informal. Si podíamos lograr un canasto, lo hacíamos. Si no éramos un buen tirador, pasábamos la pelota. Lo especial de esta forma de vivir la vida es que no hay anotadores ni mascotas. Cada

uno aporta el juego que tiene. No es de sorprender que el juego que
tienes siempre parece ser suficiente.

A medida que la noche fue llegando a su final, moví un poco la
leña de la chimenea, a la vez que esperaba haber agitado algo dentro
de cada uno de aquellos muchachos. Podía decir que estaba a favor
de John. Le dije que en aquello no había ningún truco de naipes.
Cuando decides dejar todo lo que es típico, lo único que queda es
una gran idea sobre un Dios aun mayor y un mundo cansado de la
forma en que todos los demás lo han estado haciendo. El mundo ha
estado gritando, por encima del ruido de nuestros programas, que no
necesita más presidentes ni organizaciones, sino más amigos. Si tu
eres un amigo sincero, la gente de tu alrededor entenderá con rapidez
que no hay programa oculto ni nada del otro lado del signo de igual
que... solo tú.

Al final de la noche, acabé diciendo: «John, te desafío a que
hagas girar el globo y señales un lugar al azar con el dedo y escojas
un lugar donde conectarte. Si no tienes otro lugar decidido, ¿por
qué no Uganda?». La estrategia que debatimos era sencilla: iríamos
a hacer amigos y veríamos lo que ocurría. No se trataba de la típica
versión de la amistad que suele llamarse *networking* (de establecer
una red de contactos para el beneficio propio), sino que seríamos
verdaderos amigos. Más tarde John me comentaría que todo aquello
le tocó la fibra más profunda. No fue con la suavidad de un violín,
sino con la fuerza de una banda de rock. Conociéndole, sabía que
no quería limitarse a pensar en esta idea, sino que estaba dispuesto a
saltar del escenario y surfear con ella entre la gente.

Dado que no andábamos buscando hacer las cosas como se suelen hacer por lo general, tampoco había mucho que discutir. Como
los discípulos, no teníamos un plan ni un programa, ni una preparación. Le dije a John que tenía toda una flota de aviones para llevarle
al extranjero. Todas tenían el nombre de Delta Airlines escrito en el
flanco, y, por quinientos pavos, podía subir a bordo de cualquiera

de ellos. Poco después, John agachaba la cabeza para entrar por la puerta de un 767 en dirección a Uganda.

El hecho de no planificar cada detalle no significaba que no usáramos la estrategia, sino todo lo contrario. En lugar de quedarnos atrapados alrededor del eje, desarrollando un plan, utilizamos nuestro tiempo para desarrollar una estrategia, y habíamos decidido comenzar por Uganda a propósito. Es un país que ha sido asolado por una guerra de más de veinte años, y que ha desplazado a millones de personas de sus pueblos prácticamente como si fueran refugiados en su propio país. El SIDA y otras enfermedades exterminaron lo que quedó de la guerra, y toda una generación de ugandeses se había perdido. En ese tiempo, la población de Uganda tenía una edad promedio de poco más de catorce años y medio. Se había convertido en una nación de niños.

Cuando comenzamos nuestra labor en Uganda, hace cinco años, antes de conocer a John, el país mostraba las señales de una nación en guerra consigo misma. Conducir hacia el norte de Uganda en un pequeño auto como el nuestro no era normal; la norma era utilizar vehículos blindados de la ONU. Yo envidiaba a los tipos de Naciones Unidas y a sus coches, no porque parecieran más viriles, sino porque no corrían peligro de muerte. Al cruzar el río Nilo que dividía el norte, hecho pedazos por la guerra, del sur durante los momentos más álgidos de la insurgencia, llegamos a unos puntos de control y a unas patrullas militares itinerantes armadas de ametralladoras cada pocos kilómetros. Era más que un poco espeluznante. Rápidamente aprendimos a no detenernos por nadie que estuviera camuflado, por enfáticos que fueran sus gestos, ya que los insurgentes y los militares ugandeses llevaban el mismo uniforme. Condujimos tan rápido como nuestro auto nos pudo llevar a Gulu, donde había barracones militares cerca y algo más de seguridad. Aunque solo cubre unas seis manzanas, es la segunda ciudad más importante del país, porque la mayoría de la población ugandesa vive en el monte.

Todo el país ha sufrido en la guerra, pero Gulu y sus zonas circundantes al norte han sido las más machacadas por la LRA, al mando de Joseph Kony, que lanzó ataques por todo el norte de Uganda. Su estrategia para aumentar su ejército fue simple: secuestrar a decenas de millares de niños. Se les daba metralletas y los colocaban delante de los soldados mayores en las luchas de fuego. Las niñas pequeñas estaban obligadas a ser novias demasiado jóvenes. La mayoría de esos niños tenían entre doce y catorce años. Lo que les ocurría era impensable. Cuando los secuestraban, los obligaban a matar a uno o más miembros de la familia para apartarlos de los pueblos, avergonzarlos y que no intentaran volver del monte. Los que procuraban escapar eran atrapados y asesinados de formas horribles para que sirviera de advertencia a los demás.

Justo en las afueras de Gulu, encontramos a miles de niños que vivían en campamentos establecidos por el gobierno sin oportunidad alguna de recibir educación, de modo que decidimos empezar una escuela justo al norte de la ciudad. Los oficiales locales nos tuvieron tres años pasando por el aro antes de permitirnos empezar. Nos parecía una locura que toda una generación de niños estuviera viviendo en campamentos, sin escuela y que el LRA estuviera haciendo más redadas nocturnas para secuestrar a más de ellos. Intentamos razonar con los agentes del gobierno, durante un tiempo, para que no aplicaran las restricciones, pero al ver que no íbamos a obtener su colaboración, decidimos abrir la escuela de todos modos.

Durante los dos meses siguientes, hicimos circular la noticia de la apertura de la escuela, tan ampliamente como pudimos, para alcanzar al medio millón de desplazados en la región. Se llamaría Restore Leadership Academy. Hicimos saber a todos que esta escuela era una gran idea y nos preparamos para una asistencia enorme como resultado de todos nuestros esfuerzos. El primer día de clase, contamos con un total de cuatro niños. Pero esto no nos desalentó. Estábamos demasiado ocupados felicitándonos unos a otros. Teníamos una escuela. No era Harvard... era mejor. Pertenecía a cuatro niños y a nosotros.

La tarea de John consistía en reunir a los mejores maestros ugandeses del norte, reunir un cuerpo de estudiantes y comenzar. Pronto nos vimos superados y un poco incómodos, con más maestros que estudiantes. La pequeña escuela en el monte, con un gigante al frente llamado John, levantaba grandes sospechas entre los locales. Sin embargo, no tardó mucho en que tuviéramos el doble de estudiantes. Ahora, eran ocho. Según nuestra vara de medir fue un crecimiento explosivo. Poco a poco, más estudiantes encontraron su camino a las clases y, hacia el final del primer año, teníamos diecinueve, de modo que empezamos un equipo de fútbol. ¿Por qué no? Contábamos con jugadores más que suficientes. Los niños no tenían zapatos y el campo de fútbol tenía un poste y un árbol de mango en medio, pero los chicos jamás se quejaron. En vez de ello, nos dijeron que esto les proporcionaba una ventaja de equipo local.

Pronto tuvimos a cien niños en las clases que, ahora, estaban repletas. Y seguían viniendo. John me llamó con las buenas nuevas sobre el crecimiento de la escuela e historias de estudiantes que, una vez, llevaron ametralladoras y sortearon campos de minas y que, ahora, se encontraban en un campo de fútbol y sorteaban un árbol de mango y un poste. Me dijo que dos niños en particular caminaban casi trece kilómetros todos los días para asistir a clase y lo que él creía que necesitaban. Fue algo parecido a:

—Bob, ¿sería posible acomodar a estos dos chicos extraordinarios en algún lugar de la escuela donde pudieran pasar la noche?

—Por supuesto que no, John. No somos un internado —respondí de inmediato.

La forma de pensar de John era bondadosa y se preocupaba, claro está, pero recordé que Oprah había empezado una escuela en Sudáfrica y se metió en un montón de problemas por tener a las niñas internas, y decidí no tomar jamás esa responsabilidad. Además, apenas podíamos sufragar la escuela y los niños, como para pensar en monitores, casa, ropa, y empezar a alimentarlos.

—Lo siento, John, no —repetí.

—Vamos, Bob. Solo necesitamos dos literas. Solo eso, dos literas —insistió John.

—No, John —reiteré. Me encontraba de pie y gesticulaba con la mano izquierda mientras sacudía la cabeza enérgicamente.

—Pero es por los niños —suplicó John.

Era implacable.

Estaba seguro de no poder ganar esta ronda y John hizo algo al estilo Jedi, supongo, porque me escuché decir:

—Está bien, John, dos literas para estos dos niños, pero eso es todo. Dos literas y nada más.

—Te lo prometo —respondió y fueron las dos últimas palabras sobre las literas.

Hoy, tres años más tarde, y según los últimos cálculos, tenemos más de 250 niños internos en Restore Academy. «John Dos Literas», como le apodamos, se pasa la mayoría de los días conspirando con todo aquel que pilla para enriquecer la vida de esos niños, y que tenga más sentido y sean más intencionadas.

¿Sabes por qué ocurrió todo esto? Es muy sencillo. John Dos Literas se salió del mapa. Ya no se dejó limitar por los contornos convencionales, sino que filtró lo que amaba, a Jesús mismo. Muy pronto, su pequeño charco nos tragó a todos al convertirse en un gran lago. Así es como trabajan la medicina de Dios y nuestra obra de creatividad cuando se combinan. Ningún depósito lo puede contener ni la decepción lo puede detener; no hay impedimento que lo pueda frenar. No se le puede decir adiós, apagar o cerrar. No le gusta tener un no por respuesta, sin que asuma que «sí» es la respuesta aunque a otro le pueda sonar como un no.

En la escuela secundaria, los estudiantes de la República de Uganda tienen que pasar un examen nacional. Cubre trece asignaturas, que incluyen álgebra, química, física, historia y geografía, por nombrar algunas. Es más complicado que ninguno de los que yo he tenido que pasar, y John y yo nos preguntamos cuántos de los diecinueve estudiantes originales, que crecieron en el monte, podrían superarlo. ¿Uno? ¿Quizás dos? Algunos de estos muchachos habían llevado ametralladoras o guiaban a las familias cuando sus padres se habían perdido por causa de la guerra o murieron de SIDA. Ninguno de ellos había ido a la escuela. Sinceramente, en mi mente, este examen nacional parecía un obstáculo insuperable para estos niños que seguían con su educación. Lo que yo había subestimado, sin embargo, fue la decisión de Dos Literas y los maestros en la academia.

Poco después de que los exámenes fueron corregidos por los examinadores nacionales, recibí una llamada de John.

—Bob, tengo los resultados del examen —anunció con una miserable pausa que duró demasiado—. ¡Han pasado diecinueve de diecinueve!

A todos se nos llenaron los ojos de lágrimas de gozo y de orgullo, por lo que aquellos niños habían logrado. Esta es una de las cosas con respecto al amor. No reconoce fronteras ni obedece las leyes que intentamos imponerle. Parecía como si nadie hubiera dicho a Dos Literas o a los profesores que no podían cambiar la trayectoria del futuro educacional de los niños, y, aparentemente, nadie les dijo a ellos que no se suponía que pasaran el examen nacional.

Imagino que nadie le comentó tampoco al equipo de fútbol de Restore Academy que era demasiado pequeño, demasiado lejano, con un financiamiento demasiado insuficiente o que no tenían zapatos para poder jugar. Al año siguiente, derrotaron a todos los equipos del norte de Uganda y se subieron a un autobús que se dirigía a la capital para jugar el título nacional ugandés de fútbol. Nadie le dijo a una de las chicas de Restore que no podía convertirse en la mejor lanzadora de jabalina a nivel nacional. Porque lo consiguió. Yo ni siquiera sabía que tuviéramos una jabalina. Me pregunté si no sería el poste, junto al árbol de mango, lo que ella lanzaba.

Al año siguiente, treinta graduados más aprobarían el examen nacional; como también lo hicieron treinta y cinco más otro año después. Tampoco informó nadie a todo el cuerpo de estudiantes de Restore Academy, cuando llegaron los resultados del examen de este año que no pudieran alcanzar las notas más altas de todo el norte de Uganda. Porque lo lograron.

El año pasado, John y yo nos reunimos en el monte con los ancianos del pueblo, y, juntos, señalamos cuarenta acres de la tundra africana, en suave pendiente, que acabábamos de comprar. La escuela se había quedado pequeña y no había edificios alrededor que pudiéramos alquilar. Había llegado la hora de construir nuestra propia escuela. Ninguno de nosotros hubiera pensado, cuando nos sentamos en el patio trasero de la casa de John, alrededor de un pequeño fuego cuatro años antes, que estaríamos edificando una escuela del tamaño de un pueblo, con más de trescientos maestros y estudiantes. En aquel momento no pensábamos dónde se podría detener la reacción en cadena ni tampoco está en nuestra mente ahora. Quiero pensar que es porque no teníamos ningún plan; solo una gran idea. ¿Sabes? El problema con mis planes es que, por lo general, funcionan. En el caso de que no parezcan salir adelante, los fuerzo para que marchen y se consigan los pequeños resultados que pretendía. Cambiar esto por una gran idea significa que consigo todo lo que cada uno aporta al juego de baloncesto informal. Tipos como John, como tú y yo, y cualquiera que se haya unido a nosotros.

Igual que a Dos Literas, les estamos pidiendo a esos chicos que ignoren aquello que es demasiado típico. Queremos que sean líderes por medio de la acción, y no solo de nombre. Los programas patrocinados son comunes en los países en desarrollo. Por treinta dólares más o menos al mes, no resulta inusual que un niño tenga un padrino en Estados Unidos que ayude con sus gastos escolares.

Juntamos a los chicos y les explicamos cómo iba a funcionar *nuestro* programa de apadrinamiento. Les proporcionamos algunas semillas que ellos plantaron, hicieron crecer el grano, lo vendieron y, con el dinero, nuestros muchachos de la Restore Leadership Academy en Uganda patrocinan a un niño patinador de Oregón, a través del Mentoring Project, una fantástica organización fuera de ese estado que ayuda a los niños sin padres.

Estos muchachos ugandeses miraron por el otro lado del telescopio y quisieron asegurarse de que otros niños pudieran tener la misma aportación de mentores que ellos están consiguiendo. Si estos niños de Uganda tenían un refrigerador, pegaban en él la fotografía del niño de pelo liso que están apadrinando en Estados Unidos. Eso es liderazgo.

Y la reacción en cadena sigue creciendo sin que la gente sepa de ella. Te voy a dar un último ejemplo. Cuando compraste este libro, probablemente no sabías que todo el mundo —Thomas Nelson, yo, mi amigo Don, todos —entregamos todo el dinero para lanzar a más niños hacia una vida atípica. Y esto significa que, ahora, tú también formas parte de esta fantástica travesura. Y es que si yo he aprendido algo de John Dos Literas es que el amor hace todo lo que sea necesario para multiplicarse y, de alguna manera, a lo largo del camino, todos formamos parte de él. ¿Sabes por qué? Porque así es que el amor hace.

EPÍLOGO

Has leído las historias de este libro, pero lo mejor de todo son las historias que sigues escribiendo con tu vida. Si eres como yo, te preguntarás al final de un libro titulado *El amor hace... ¿entonces qué hago?* Puede ser una pregunta difícil de contestar, sinceramente, pero también puede ser fácil. Permíteme decirte lo que hago cuando no sé qué hacer para empujar mis sueños calle abajo. Por lo general intento dilucidar cuál es el paso siguiente y lo llevo a cabo. Sé que suena demasiado sencillo, demasiado formulista; como si debiera haber mucho más detrás de ello. Pero no lo hay. Para la mayoría de nosotros, ese paso siguiente puede ser tan fácil como levantar el teléfono, enviar un correo electrónico, escribir una carta, comprar un billete de avión, o solo llegar. Después de eso, las cosas comienzan a ocurrir y, quizás, lleven las huellas de Dios sobre ellas. Sabrás cuáles las tienen y cuáles no. Escoge las que las tengan.

¿Cuál es tu paso siguiente? No lo sé con seguridad, porque es distinto para cada uno, pero apuesto a que implica escoger algo que ya te está haciendo señas. Algo que ya te parece hermoso, o duradero y lleno de significado. Escoge algo que no solo eres capaz de hacer, sino que te haga sentir que has sido creado para hacerlo, y hazlo muchas veces. No eres sencillamente una idea increíble que Dios nunca llegó a hacer. El paso siguiente sucedió para el mundo, cuando él te soltó en el planeta. Decidió que nos cruzáramos en la historia, no en cualquier momento, sino en este preciso instante. Nos creó para que fuéramos buenos en algunas cosas y malos en otras. Nos hizo para que amáramos unas cosas y otras no. La mayoría de nosotros fuimos hechos para soñar. Se suponía que debíamos soñar un montón. No somos un mero experimento biológico cósmico que acabó por funcionar. Formamos parte del plan mucho mayor de Dios para todo el mundo. Así como llegó el hijo de Dios aquí, también nosotros. Y, después de que él vino al mundo, Dios susurró a toda la humanidad: «Te toca a ti». Los cielos han estado inclinándose sobre las vías del mismo modo desde que llegaste aquí, esperando a ver qué harás con tu vida.

Un par de las personas que has conocido en este libro acabaron por hacer su siguiente movimiento. Randy, el tipo que me enseñó en Yosemite lo que significaba estar con la gente vive con Sandy, su esposa, en Nevada, y sigue cambiando la vida de la gente con su organización, Doable Evangelism. Poco después de que Ryan puso una rodilla en tierra y se declarara, se casó con Kim, y ahora tienen dos niños preciosos y dirigen la adoración en una fantástica iglesia en el condado de Orange en California.

Dos de los niños que estaban en aquellas horribles celdas acabaron asistiendo a Restore Leadership Academy. El primero de ellos se graduó primero en su clase y, el otro, tiene la reputación de ser uno de los muchachos más amables del campus. Llevé al presidente del tribunal de la Corte Suprema de Uganda a mi oficina en la Isla de Tom Sawyer, en Disneylandia, y soñamos sobre los asuntos judiciales en Uganda. Casi cinco años después, en Uganda, John Dos Literas solicitó el ingreso en la facultad de derecho y tiene planes de comenzar el año próximo. No tendrá que sentarse en ningún banco de decano intentando entrar; las escuelas se pelearán por él.

Kathy ha llevado una vida asombrosa, dedicada a su familia, la causa de la injusticia y la abolición de la esclavitud de los tiempos modernos. El restaurante Lehr's Greenhouse ha cesado su actividad y yo sigo buscando mi Jeep rojo. Richard y Adam tienen escopetas de aire comprimido y salen juntos al bosque; sin embargo, dicen que nunca se dispararán el uno al otro. Ya, de acuerdo.

Desde el té elegante en Londres, Lindsey se ha convertido en esa hermosa mujer que vi del otro lado de la mesa cuando apenas tenía diez años. Todos los miembros de la familia siguen conectados con gente en el liderazgo alrededor del mundo, y Don Miller, que me enseñó a no escribir la palabra *eso* en mi vida, hizo una película llamada *Blue Like Jazz*, con Steve Taylor, un amigo suyo. A través de su film y de sus libros, incluido *Un largo camino de mil años,* y sus Conferencias Storyline, Don sigue demostrando cuánto sitio hay en los márgenes de nuestra vida para garabatear algunas notas.

Sigo practicando la abogacía e intentando vivir con las palmas hacia arriba. Apenas salgo a navegar, pero viajo a Uganda con frecuencia para buscar a niños olvidados en cárceles y a tipos malvados que les quieren hacer daño. Este año, llevamos a juicio con éxito el primer caso en Uganda por tráfico de personas contra un médico brujo... y ganamos.

Una última cosa. No le dije a Doug que escribiría un libro en el que contaría historias sobre él. Creo que será una mejor broma si se entera primero por ti.

AGRADECIMIENTOS

Se necesita un gran elenco para apoyar las historias que componen este libro. En realidad, es como un festival de amigos. Por ello, este libro no está escrito según la vida de unas cuantas personas solamente ni sobre ellas, sino que se ha creado y está influenciado por la de muchas personas, aparezcan sus nombres o no en estos capítulos. A cada uno de ustedes que han ayudado a moldear las historias, y el proceso de ponerlas sobre papel, quiero darles las gracias. Por todas partes, en estas páginas, veo pruebas de vuestro trabajo y, lo que es aun más importante, en mi vida. Su bondad y aliento han dado forma a mi manera de ver a Jesús. Se necesitaría un segundo volumen del libro para poder contener los nombres de todos los que echaron una mano en alentarme, pero ustedes saben quiénes son, porque he tenido el privilegio de decírselo en persona a la mayoría de ustedes.

Gracias dulce María, Lindsey, Richard, Adam, Miss Ashley y Brad, por ser tan pacientes conmigo, mientras me senté en mi silla favorita durante un año y trabajé en este proyecto. No es mi asiento predilecto porque sea blando, sino porque está cerca de todos ustedes.

Don Miller, nada de esto habría tenido lugar sin tu amistad, aliento y aportación. Has añadido más que meras palabras a un libro: te has incrementado a mi vida. Esto mismo es verdad para mis queridos amigos Al Andrews y Brandon Heath. Ambos no solo me han enseñado lo bueno que Dios es en realidad, sino que son el tipo de chicos que me inspiran a querer hacer algo al respecto.

La familia de amigos que forman parte de Restore International y comparte nuestro trabajo en Uganda y la India se han convertido en una gran montaña de regalos para mí. Cada vez que uno de vosotros se abre, escarbo a través del papel de envolver y encuentro otros tres en el montón. Esto es lo que sucede cuando uno deja de actuar como una organización y decide hacerlo como una familia.

A cada uno de los estudiantes de Restore Academy, estamos tan orgullosos de ustedes. John Niemeyer, tu aliento y liderazgo en dirigir los esfuerzos de Restore en Uganda han sido absolutamente asombrosos. Gracias, Ilea Dorsey Angaza, por ser el pionero y abrir el camino. Deborah Erikson y todo el equipo de Restore International que vive en Uganda, su amor por los chicos me maravilla. Quiero cualquier cosa que coman ustedes para almorzar. Trent Walters, tu estilo de liderazgo de siervo redefine las palabras *siervo y liderazgo* para mí. Un agradecimiento especial a Blake Gaskill y el equipo de construcción, así como Gregg, Karen, Heather, Jim, Julie, Ryan y Crystal, Todd Nelson y su familia, George y Bernie, Michael y Marybeth, e innumerables voluntarios que comenzaron sirviéndome a mí y acabaron derramando sus vidas a todo un país. Y a los cientos de persona que han comprometido a los niños Restore y a los maestros de la Restore Academy. ¡Ah! ¡Miren lo que han hecho!

Reggie Whitten, Noah Roberts, Jim Priest y todo el equipo de Pros For Africa: no empezaron sin nada; lo hicieron con una monja, la hermana Rosemary y, juntos, han cambiado muchas cosas en el norte de Uganda y más allá. Chris Cotner, Dick Greenley y el equipo Water 4, lo mismo digo de ustedes. Los pozos no son lo único que corre en la profundidad de sus vidas. El asombroso trabajo que se está realizando mediante el proyecto Kwagala, bajo el contagioso liderazgo de Kristen y la gente de Invisible Children me han estimulado a diario. Todos ustedes han sido amigos asombrosos y alentadores en el proceso de poner estos pensamientos por escrito, y forman parte de cada página. Estas organizaciones abrazan a los niños de Uganda del mismo modo en que Dios nos rodea con sus brazos y merece la pena involucrarse en ellas.

Estoy muy agradecido también a los chicos de «¡Hagamos Biblia». Steve, Ike, Bud, Jim, Bill, Mike, Jon y George: ustedes son los tipos que me han ayudado a dejar de acosar a Jesús y empezar a seguirle. Lo mismo se aplica a los de 199 Club: Jim, Michael, Don y Steve. Me han dado una fuerza y un estímulo tremendo por la forma tan valiente en la que bucean en la vida de otras personas. Cuando sea grande, quiero ser como ustedes. Gracias también a la comunidad de amigos de Nashville por hacerme sentir tan bienvenido.

La oportunidad de escribir este libro y de vivir las historias que contiene no habría sido posible sin los esfuerzos de la mejor compañía de abogados en el Noroeste del Pacífico. Danny DeWalt eres un abogado, pastor, líder y amigo asombroso. Ken, John, Cynthia, Aaron y Eric, gracias por darme la libertad de escribir este libro. Lo más destacado de cada año es poner una rodilla en tierra y pedirles a cada uno de ustedes a la vez si quieren practicar la abogacía otro año más conmigo. Gracias por decir que sí.

Entre el personal y los estudiantes de la Pepperdine Law School también he hallado cómplices. Quiero darles las gracias a Jim Gash, Tim Perrin y Jay Milbrandt en particular. Me han ayudado a entender cuánto ama Dios la justicia. Mi agradecimiento a los estudiantes y el personal de Point Loma Nazarene University también. Fui a enseñar y servir en ambas universidades, pero acabé siendo quien aprendió y a quién se sirvió. Lo mismo digo de Dave Batstone y el asombroso equipo de Not For Sale.

Puedo imaginar más cosas, porque esta gente está en mi vida: mis padres, Rich y Marti, Doug y Debbie, Rob y Leslie, Harond y Terri y Sharon, y todos los amigos de Young Life en Estados Unidos, y Malibu Club, Canada. A la pandilla de amigos que han caminado a través de cascadas conmigo en el Lodge, siguen inspirándome mientras gotean a Jesús en un mundo reseco. Tara y Eric, hacen que todo suceda cada año, y quiero agradecerles por mantenernos entrelazados. A los Coe, Burleigh y Darla Anderson: cuando pienso en cada uno de ustedes pienso en el gozo, el valor y la pura bondad. También me he visto rodeado por una increíble comunidad de líderes que pasan sus días conspirando sobre cómo orientar a la gente hacia Jesús.

Finalmente, quiero dar las gracias al increíble equipo de Thomas Nelson por el destacado apoyo que me ha brindado. Bryan Norman, tus huellas están en cada página manoseada de este manuscrito. Brian Hampton, Heather Skelton, Jason Jones, Kristi Henson, Katherine Rowley y Jennifer Stair, la correctora, cada uno de ustedes debería llevar una capa, pero sé que son demasiado humildes. Mike y Gail Hyatt, son ustedes responsables del lanzamiento de esta gran travesura. Ustedes dos son lo que María y yo queremos ser algún día, cuando seamos grandes.

Un último agradecimiento. Chuck y Laurie Driscoll, entiendo más acerca de la bondad de Dios porque vivo en la casa al lado de la vuestra.

Todo lo que se recaude por este libro se dona a la academia de liderazgo de Restore International en Gulu, Uganda (www.restoreinternational.org) y el Mentoring Project [Proyecto de Mentores] (www.thementoringproject.org). Estas dos organizaciones están comprometidas a amar a los niños de formas tangibles y provocar un cambio positivo en sus vidas. Se merecen que uno se involucre en esta labor.

ACERCA DEL AUTOR

Bob Goff es el fundador y director general de Restore International, una organización sin ánimo de lucro que lucha contra las injusticias cometidas contra los niños. La misión de Restore es marcar la diferencia en nombre de aquellos que, de otro modo, no tendrían voz.

Restore International ha trabajado con el poder judicial de Uganda en más de doscientos casos para liberar a niños de un encarcelamiento injusto sin juicio. En 2007, se inició la Restore Academy, una escuela en la región de Gulu, destrozada por la guerra, con un total actual de 220 matrículas. En India, Restore ha intervenido para eximir a las niñas menores de una vida de prostitución obligada, conduciendo a la identificación y el arresto de más de cincuenta criminales.

Bob comparte la dirección de un bufete de abogados en Washington, Goff & DeWalt, y está colegiado en California y Washington. Sirve como Cónsul Honorario para la República de Uganda en Estados Unidos y es catedrático adjunto en la Pepperdine Law School (Malibú) y Point Loma Nazarene University (San Diego).

CONÉCTATE CON BOB

Una de las cosas que he aprendido al seguir a Jesús es lo mucho que él disfrutaba estando con la gente. Salvo por el tiempo que pasaba con su Padre, no parecía haber nada que amase más. No solo amaba la *idea* de estar con la gente, sino que lo que le gustaba en verdad era estar con ellos. Un montón de personas en el mundo dejan de estar disponibles en algún momento. Es algo sutil, porque ocurre poco a poco, y no es por malicia ni nada que se le parezca... sin embargo ocurre. Pero Jesús no era así. Parecía tener más tiempo para las personas a medida que este transcurría y no menos. Esta es una de las cosas que hace que el amor sea tan poderoso; nos deja un camino para descubrirlo.

Lo mismo ocurre con respecto a la gente que ha formado mi cosmovisión. He descubierto que las personas que han tenido mayor influencia en mi vida, también han sido las que estaban más disponibles. Si alguna vez quieres hablar sobre cualquier idea de este libro que te haya hecho vibrar, mi número de teléfono en Estados Unidos es (619) 985-4747. Dame una llamada alguna vez, si puedo serte de ayuda. Si bien no hablo un buen español aunque hablo desde el corazón, de todos modos ¡me encantaría tener noticias tuyas!

PREGUNTAS GENERADORAS

¿Quieres profundizarte en los temas de *El amor hace*? Preguntas generadoras para cada capítulo están disponibles para uso personal o en grupo. Descarga el PDF en este sitio web:

http://nelsonfree.com/elamorhace